KB274540

쌀밥 주세요

쌀밥계세요

1999. 12. 7 초판 인쇄 2009. 11. 11 3쇄 발행 (개정판)

지은이 정기환 펴낸이 이명수 발행처 도서출판 세줄

부천 P.O.Box 86호 Tel.(050)5555-9191 keyone209@hanmail.net

국민은행 260 - 24 - 0068 - 719 (정기환)

ISBN 978-89-92211-26-0 03230

값 12,000 원

모든 기쁨과

평강을 충만케하사

소망이 넘치게 하시기를

기도하며

특별히

_______________ 님께

드립니다.

책 머리에

목회의 현장은 어느 곳이나 하나님의 간섭 하에 이루어지는 기적의 자리이기도 하다. 수많은 십자가 아래에서 이루어지는 눈물겨운 사건들이 침묵을 하고 있기에 이름 없는 현장에서 이루어져갔던 또 다른 소식들을 담아 보았다.

세상에서 돌출 되어 있는 것들을 보면 크고 유명한 분야의 것들이 대부분이지만 어느 지역의 한 모퉁이에서 이름도 없이 닳아 가는 조약돌들처럼 도리어 더욱 멋진 모습으로 다듬어져 가는 구석도 있기에 세월 따라 형성된 작은 부분의 부딪히는 감추어졌던 소리들을 이끌어 내고자 노력하였다.

특히 해외에서 이루어지는 사건들에 비중을 두고 추가하여서 조금이라도 유익이 되기를 바라는 마음을 추려 내었고, 그 때마다 엉뚱하게 겪을 수 있는 색다른 경험들을 슬기롭게 헤쳐 나갈 수 있도록 접근하여 보았다.

모든 기억들을 사진 찍듯 하지 못한 일들도 없지 않아 있음을 발견하게 됨과 아울러 정리하고 기록하였던 자료들이 어느 날 사라져 버려서 기억의 공백을 메우느라 진땀을 빼내는 요구가 있기도 하였다.

이그러진 틈새들이 모양새를 가질 수 있도록 주 안에서 동역자로 불러주신 여러분들의 수고가 배후에 있었음에 감사를 드린다.

또한 자그마한 사건 속에 실제로 동행하여 주었던 수많은 성도들의 미래가 더욱 진전되어가길 기도하며, 혹간에 마음에 짐이 되었던 분들이 있었다할지라도 저들의 미래가 분명히 그리스도 안에서 멋지게 변화될 것을 믿으면서 등장시켰음을 이해하여주기를 바라는 마음이다.

아울러 초라한 이 글이 세상에 얼굴을 내밀 수 있도록 수고를 아끼지 아니한 도서출판 두손의 김수현 실장님과 내용을 질서정연하게 다듬는 데 헌신의 손길이 되어준 박완식 형제 그리고 이름도 없이 도와준 여러 손길들에 고마움을 표한다.

아내와 아들, 딸의 바탕은 말할 것도 없고 사건의 현장마다에서 낱낱이 간섭하신 멋진 우리의 주님께 모든 영광과 감사를 다시 한번 돌리운다.

송내동 목장에서

〈개정 3판을 내면서〉

누군가는 말한다. 세월의 흐름 따라 늙어 가는게 아니라 익어가는 것
이라고 … 단어 하나만 바꾸어 놓기는 했지만 늙어간다는 처량한 감각
에서 벗어날 수 있는 자유로움을 느끼게 해주는 말이다.

가을이 익어가는 문턱에서 어렵게 찾아낸 지난 날의 사진들을 첨가
하여 새로운 모습으로 다가서고자 하였다. 물론 아직도 숨바꼭질하는
사진들도 많이 있긴 하지만 그런 일에 불만을 담기엔 너무 사치스럽지
않은가 싶다.

글 작업을 위하여 이제는 글동무가 되어준 구본일 님에게 고마움을
전하지 않을 수가 없다. 또한 어려운 시기에 기꺼이 출판에 응해주신
도서출판 세줄의 이명수 장로님에게 그리고 이웃된 모든 분들에게 감
사의 마음을 표한다.

상동 목양실에서 정원 잔디의 평화로움을 바라보며

목 차

시 한 편과 함께 ● 어두움의 거리에 빛을 / **16**

1. 10년만의 1종 운전면허

2. 아프리카에서의 스물다섯

3. 아프리카의 국제신사

4. 벌금도 축복

5. 새까만 집회

6. 기도할수록 문이 잠기는 것은

7. 코 골이 베개 목사님 – 네덜란드 풍차

8. 환영! 선교단 오시다! 깃발은 어데가고

9. 춤추는 헌금시간

10. 축복과 불평

11. 교회가 철거된다면

12. 하필이면 나무땔감

13. 천막교회의 온도가 섭씨 44도인 것은?

14. 어린이들의 기도로 교회가 살다

15. 우리 집 아내의 날

16. 조의 알갱이 숫자가 몇 개?

17. 개도 사랑하는 자를 아는데

18. 성탄선물인 헬리콥터 차와 아이들

19. 논쟁과 낭비

20. 포도주 홀짝 홀짝 사건

21. 돈 없는 것도 축복(1) – 성경의 문이 열리다

22. 돈 없는 것도 축복(2) – 해외선교의 문이 열리다

23. 돈 없는 것도 축복(3) – 아들과 가까워지다

24. 돈 없는 것도 축복(4) – 책을 저술하게 되다

25. 주님의 참모습을 바라보라

26. 화장실에서의 고민

27. 체면이냐? 실속이냐?

28. 구멍 뚫린 화장실

29. 어느 쪽이 남자 화장실?

30. 화장실이 강아지 식당

31. 바쁠 것 없는 진정한 안부인사

32. 니하우마? 한마디만 했더라도

33. 몰래먹은 수박이 배탈나게 할 줄이야

34. 특등 칸을 주신 하나님

35. 우상숭배자들의 그 열심

36. 쌍년 엄마, 쌍놈 아빠

37. 개미 코끼리

38. 영어가 안 통하면 한국말로 하면 ok!

39. 서툰 영어보다는 한국어가 더 잘 통하더라

40. 없는 비행기를 타고 선교를 가나요?

41. 의사의 말 "빨리 유산시킬수록 좋습니다"

42. 늦깎이 신랑의 눈물의 기도

43. 결핵 말기의 어미로부터 태어난 아기

44. 뒤집어 사는 금붕어

45. 돼지 목에 진주

46. 번개작전 수련회

47. 아무리 환경이 아름다워도

48. 멀미 자매의 21시간 뱃길 선교

49. 여자에게 비밀이?

50. 예수 그리스도의 5초 대기조

51. 그래도 고향이 좋아

52. 중국에서의 추석

53. 기도하자 망하기 시작하다

54. 심을 기회를 주시는 주님

55. 세느강의 미모와 한강의 미모

56. 쌀밥 계세요?

57. 레이디 퍼스트의 축복

58. 검은 손에 놀란 해녀 아주머니

59. 오줌싸개 동상을 찾아가는 이유는?

60. 눈물짓는 선교사

61. 설마 내 아들이야

62. 20일 금식과 물에 대한 불만

63. 20분 거리를 3시간만에 오시더니

64. 목자의 마음 성도의 마음

65. 복음전도가 우선인 하나님의 역사

66. 천사의 벨소리

67. 새벽을 깨우는 천사의 음성

68. 빨리 집에 가보라

69. 진리가 무엇인고?

70. 아름다움을 위한 깜둥이

어두움의 거리에 빛을

1. 10년만의 1종 운전면허

2. 아프리카에서의 스물 다섯

3. 아프리카 국제신사

4. 벌금도 축복

5. 새까만 집회

6. 기도할수록 문이 잠기는 것은

7. 코골이 베개 목사님 – 네덜란드 풍차

8. 환영! 선교단 오시다! 깃발은 어데가고

9. 춤추는 헌금시간

10. 축복과 불평

어두움의 거리에 빛을

(국민일보 제1회 신앙시 공모 당선작)

어두움의 거리여!
언제까지 머물려 하는가
하얀 마음이 유혹의 눈물로 붉게 적셔지고
거짓을 향해 달려가는 텅 빈 쾌락들 …
피 흘리는 동전을 긁어 쥐고
웃어대는
여기
어두움의 거리여!
언제까지 머물려하느냐.

外樣은 손잡은 이웃이나
… 한 뼘치 內心은 敵으로 만들고
속임수의 도구들로 쥐 틀어서
食生하기를 喜喜樂樂하는 世代人들
저들이 범람하는 어두움의
거리, 거리들

심령은 악취의 분수가 되어 뿜어대고
죄악을 물마시듯 마셔대는
검은 손들은 낚싯바늘 되어 드리움을
알지 못하는가!

生命없는 빛바랜 웃음들
불쌍히 여겨 주소서

마음에 匕首를 던져 꽂고
육신에 痛恨의 씨앗을 심어주고
그들의 찢기 우는 부르짖음으로 배불리는 人獸

허탈의 벼랑을 향해 내리닫는
가련한 이 시대의 저들을,
오늘도 흐물거리는
저 거리의 저들을

주여 !
용서하여 주소서
빛으로 꿰메어 피 흘림을 멎게 하시고
黑幕을 뚫는 빛으로 그물을 쳐주소서.

1. 10년만의 1종 운전면허

이번에는 꼭 붙겠지! 혼자도 아니고 합심기도를 하고 떠나니까 말이다. 2종 보통 운전면허를 취득 한 후 근 10여 년이 되었을 때, 2종으로는 9인승 까지 밖에 운전을 할 수가 없어서 1종으로 바꾸어 보기로 하였다. 10년이 넘도록 무사고로 운전을 잘하고 있었기 때문에 별 생각 없이 면허시험에 응시를 하였는데 처음에는 두 번째 코스에서 낙방하고 말았다.

그럴 수도 있지… 하는 마음으로 돌아와서는 그래도 주님의 일을 위한 것이므로 성도들에게 광고를 하고 기도를 부탁한 후 2차 시험에 응시하기로 하였다.

부천에서 안산면허시험장까지는 교통이 불편한데다 무엇보다도 다음 시험 때까지 보름 이상을 기다려야하는 불편함과 목회의 바쁜 일정 중에도 특별히 최소한 한나절 이상을 소모해야 한다는 것은 심적으로 짜증스러운 일이 아닐 수 없었다.

그러나 어찌하랴. 하루만 더 소모해보자 하는 마음으로 달려갔는데, 그 쉬울 것 같은 것이 마음대로 되지를 않는다. 핑계를 대자면 차가 엉망이고 어쩌고저쩌고 하지만 결국은, 두 번째에도 아주 쉽게 떨어지고 말았다.

교회에 이야기하기도 그렇고 한번 도전한 것을 중도에 포기할 수도 없고 해서 이번에는 아내에게만 말을 하고 가기로 하였다. 적어도 삼 세 번은 해봐야 되지 않겠느냐는 마음에서이고 떨어졌다는 것이 못내 불쾌하기도 해서다.

실제 운전에서 10여 년씩이나 무사고 운전을 하는 사람을 뚝뚝 떨어뜨린다는 것이 뭔가 제도상 문제가 있는 게 아니냐는 불평이 생기기도 했다. 그러나 저러나 시험은 시험이니 어쩌겠는가. 이번에는 코스의 공식 책을 사보고 좀더 심사숙고한 후에 가기로 다짐을 하였다.

그런데 그 비싼 시간의 값을 지불한 것은 아랑곳 않고 첫째 둘째 코스는 잘 진행을 하더니 마지막 코스에서 걸리고 말았다.

♫ 한번보고 두 번 보고 자꾸만 떨어지네 ♫

무슨 노래 가사나 되는 것처럼 떨어지고 나니 은근히 화까지 나고 말았다. '여기서 그냥 집어치울까. 꼭 따야하는 것도 아닌데. 하나님 뜻일 수도 있지 않은가.' 믿는 사람들이 무슨 일을 하다가 안 되면 툭하고 핑계 대는 투로 물러설까 하다가도 뭔가 안 되겠다 싶어서 한번만 더 도전해 보기로 하였다.

'죽을 사짜(死字) 까지는 가보자.'

이번에는 아내에게도 아무 말도 하지 않기로 했다. 은근히 부끄럽기도 하고 자존심이 약간 상하기도 해서였다. 오직 나와 그분만 알기로 하고.

그러나 그것도 잠시뿐, 시험장에 가보니 잘 아는 목사님이 나오셔서 나와 동일한 과정을 겪고 있는 것이 아닌가! 시험지에 인지가 가득히 붙어 있는 것을 보면 말할 필요도 없는 것이었다. '에라 모르겠다' 하고 속히 치루고 말아버린 과정은…

아뿔사! 이번에도 삐익! 소리와 함께 차에서 내려와야 했다. 몇 번 낙방해 본 사람들은 알겠지만 그때의 힘없는 표정이란 것은……

'아예 그만 두자. 그 시간에 다른 것이나 할 것을 쓸데없는 짓을 했구나' 하면서 좀 더 겸손해지고 주위에 동일한 처지의 사람들이 생기면 이때를 생각해서 잘 위로나 해주자 하는 마음으로 돌아왔다. 한편은 화도 나고 마음도 상하고 낭비도 했고 하지만 어쩌랴. 결과가 그런 것을……

그러면서 속으로 생각하기를 1종이나 2종이나 승합차를 운전할 때는 동일한 차량으로 하는데 왜 떨어져야만 하는가에 대한 것과 시내에는 한번도 나가보지도 않은 왕 초보는 합격을 하는 현 제도가 잘못되었다는 불평을 속으로 담고 있었다. 결국은 낙방자의 자위와 핑계이겠지만 말이다.

한편 2종으로 10년쯤 아무 탈없이 잘 지내 왔으면 그냥 1종으로 승격시켜주면 어떠하겠는가 하는 반문도 해본다. 그러면 그리 많은 사람들의 적체 현상도 줄어들테고 더 조심해서 운전도 할 것이고 사회적 불만도 적어질 것인데… 등등 투덜대면서 그 때를 포기하고 잊어버리기로 하였다.

그런데 얼마쯤 지나서였다.

1996년 8월 31일 토요일! 전 날의 철야기도 후여서 아침까지 잠을 청한 후 눈을 부비고 그 날의 신문을 보고 있는데, 이런 기사의 내용이 눈에 들어왔다.

'…제 2종 보통면허 소지자가 면허 발급일로부터 10년 무사고 일 때 제1종 보통면허를 발급해 주던 규정을 변경, 1종 면허 신청일로부터 10년간 무사고 운전 때 면허증을 내주는 것으로 발급요건을 강화했다.' (조선일보)

그러면서 작은 타이틀에는 '내일부터 시행' 이라고 적혀 있는 것이 아닌가! 이게 무슨 말이냐? 이런 제도가 있었다니. 그토록 뛰어다녀도 보지 못했고, 과거에 시험을 볼 때에도 알지도 못했었고, 떨어질 때마다 시험관들도 엇비슷한 말 한마디도 없었는데. 이런 법이 있었다니……

이런 법이 있었다면 '굳이 어렵게 시험보시지 말고 조금만 더 기다리셨다가 갱신을 하셔도 되는데요.' 하고 얘기해 줄 수도 있었던 것이 아니겠는가!

오늘은 토요일, 게다가 오전 시간이 얼마 남지 않았기에 속상하지만 포기할 수밖에 없구나 하다가 경찰서로 여기에 대한 내용을 전화로 문의 해 보기로 하였다.

"이런 저런 내용이 신문에 났던데 그런 제도가 있습니까?"

　"아마 있는 걸로 알고 있습니다." 수없이 통화 중이던 전화에 시간을 쏟아 붓다가 간신히 걸린 답변은 싱거웠다.

　"그래요? 그러면 그 쪽에 가면 갱신 신청을 할 수 있나요?"

　"글쎄. 여기서는 안 되고요. 면허시험장에 가 보십시오."

　"오늘은 토요일에다 근무 마감시간이 얼마 남지 않은 것 같아서 그러니 할 수 있는 방법이 없겠습니까?"

　"잘 모르겠는데요. 어쨌든 우리는 할 수가 없습니다."

　귀찮다는 듯한 답변과 함께 수화기가 내려진다.

　"그렇다면야",

　이불을 걷어차고 세면도 하지 않은 채, 우리나라에서 무엇을 하려면 꼭 요구하는 도장, 주민등록증, 사진, 면허증 및 등본을 재빨리 준비하고 차를 몰고 달려갔다.

　무엇이 필요한지도 모르고(면허시험장으로는 수없이 전화를 걸어봤지만 항상 통화중이어서 알 수가 없었다.) 될는지 아니 될는지도 모르지만 여러 차례 떨어졌었던 과거를 회상하며 마음은 날아가고 있었다.

　마감 시간에 턱걸이로 도착하고 보니, 그런 제도가 진정으로 있었던 것이 아닌가! 기쁘면서도 힘이 쭉 빠진다. 그렇다면, 그렇다면. 진작에 얘기하여 알게 해 줄 것이지 이게 무엇이란 말이냐.

　마음 아파해야 하고, 시간 낭비며, 물질 낭비며……

　저들이 한 마디만 해 주었더라도 그 쓸데없는 수고는 하지 않았을 텐데. 그런 제도에 대한 내용을 듣고도 시험을 보아서 떨어졌다면야 서운할 일도 아니다. 그런데 지금은 너무도 다르지 않은가.

어찌되었든 턱걸이하여 신청한 덕분에 며칠 후 1종 면허로 갱신이 되었고 그것을 집어 들고 오는 발걸음은 기쁨과 감사가 겹쳐져 어우러졌다. 그러면서도 과거에 여러 번 떨어졌던 그것들이 더욱 감사하게 느껴지기도 했다. 무엇인가 깨달은 바가 있었기 때문이다.

복음!

복음, 그리스도의 그 복음이 마음을 사로잡는 것이었다. 천국에 갈 수 있는 그 법! 그것을 알고 있는 그리스도인의 한 사람인 나. 그 쉽고 이미 공개된 법을 알지 못하여 지금도 어느 곳에서인가 불필요한 시간 낭비와 고뇌 속에 방황하고 있을 저들이 떠오르는 것이었다.

만약에 저들이 그 말씀을 듣지 못한다면 내가 한 번 두 번 떨어져 갔던 것과 같이 그보다도 수없이 구원의 길에서 낙방해가고 있을 것이 아닌가!

노년의 말기에, 인생의 모든 것을 잃어버리고 소망이 없다할 그 때에, 그 소식을 듣게 된다면 낭비의 세월에 대하여 얼마나 실망하겠는가 말이다. 또한 믿는다하는 자들을 얼마나 원망하겠는가.

전하자. 예수 그리스도의 복음을 그것도 속히. 구원의 비밀을 찾기 위해 방황하는 저들을 향하여. 여기에 그 쉬운 열쇠가 있는 것을 알려주자. 할렐루야!

그런즉 저희가 믿지 아니하는 이를 어찌 부르리요
듣지도 못한 이를 어찌 믿으리요 전파하는 자가 없이 어찌 들으리요(롬10:14)

2. 아프리카에서의 스물다섯

아프리카에 처음 도착했을 때만 해도 왜 저들이 그 거치장스런 모자들을 대부분 걸치고 있는지에 대해서 이해를 하지 못했었다.

그러나 몇 날이 지나면서 이글거리는 태양 빛 아래에서는 그것이 필수품일 수밖에 없구나하는 생각이 절로 났다.

2월이기는 했지만 우리나라에서의 여름보다도 훨씬 더운 직격탄의 태양 빛 아래에서는 오래 견딜 재간이 없는 이유에서다.

나이지리아에서의 그 겨울은 우리에겐 잔혹한 겨울로 기억이 되어야 했다. 30여분도 채 안 걸릴 것이라는 생각 속에서 모자도 없이 거리에

나선 일행은, 별도의 쇼핑시간을 얻어낼 여유가 없다는 것을 알았던지, 시골의 자그마한 장터에 이르렀을 때에는 필요 물품들을 잠깐이라도 취할 수 있기를 원했다. 동행한 한 목사님께서 어떻게 발견했던지 자그마한 모양의 캔 커피 형태의 것을 판매하는 행상을 만나서 뭔가 씨름을 하고 있느라 일행의 꼬리에 달라붙지를 못하고 떨어져 있었다.

귀국하여 돌아가면 교회의 성도들에게 선사할 부담 없는 선물을 마련하고자 하신 것이다. 스물 다섯 개!

더위 속에서 속히 계산하고 그 자리를 피하고 싶었지만, 무언가 잘 안 되는 모양이다. 개당 50센트 정도의 값도 안되어 보이는 것이어서 계산을 하고 자시고 할 것도 없는데 그것을 파는 나이 듬직한 아저씨는 진 곤욕을 치루고 있었다.

또한 그것을 지켜보면서 지갑을 움켜쥐고 있는 목사님도 이마와 목에 흐르는 땀을 닦느라고 연신 바빠 있는 모습이다.

"왜 그러세요? 목사님. 뭐 잘못 된 것이라도 있나요?"

"아니 저거 스물 댓개 좀 달라고 했더니 아까부터 저렇게 진땀을 내며 계산하고 있네요."

혹시 언어 전달이 잘못돼서 그런가하여 물어보았더니 물건 사는 데에야 언어가 깜깜 이어도 만국에서 통하는 방법이 있으니 잘못될 것도 없다.

"한 개에 50센트씩 25개 아니 계산하기 편리하게 30개해서 15불 됐죠?"하고 여유 있게 돈을 주면서 물건을 담으려하자 아니 화를 내며 도로 빼앗는다.

이쪽 계산은 맞지만 자기도 한 번 맞추어 보아야 한다는 것이다. 그러면서 손가락을 접고 뻗으면서 열심히 계산을 하는데 속 시원히 답이 안 나오는 모양이다.

"어이구 답답해. 저쪽 가서 다른 일 좀 보고 옵시다."

머리에 내리쬐는 직사광을 감당할 수가 없어서 그늘이 있는 곳의 다른 곳들을 둘러보기로 하였다. 그때까지 계산해 놓으면 와서 가져가마 한 것이다.

멀지 않은 곳에서 처음 발견하는 서점이 신기해서 잠시 들러보았다. 먼지투성이에다 얼마 되지도 않는 책들은 빛에 바래있었고 인쇄나 종이의 질 등이 도대체가 말이 아니다.

그렇게 쉬엄쉬엄 바람쐬기를 20여분 했을까.

일행이 함께 돌아가면서 좌판의 아저씨를 찾았는데 아이고머니나! 아직도 손가락에 물건을 맞추어가며 땀을 뻘뻘 흘리며 셈하고 있는 것이 아닌가 말이다.

까만 얼굴에 흐르는 땀을 보는 것이 여간 희귀한 것이 아닌데도 말이다. 그분은 손가락 발가락을 합친 숫자를 넘어간 것을 계산하기에 영 복잡해 있었던 것이다.

포기하고 돌아갈까 하던 목사님이 그래도 안돼 보였든지 그 동안의 수고를 생각해서 사주어야 하지 않느냐는 동정론을 펴신다.

그런데 중요한 것은 저 양반이 주지를 않으니 어찌하랴. 아예 돈을 더 충분히 주기로 결정을 하고는 통하지 않는 말로 유창하게 손짓 발짓을 하며, 그럼 됐지? 하는 투로 돈을 주고 쓸어 담으려 하였다. 그런데 웬걸 그 양반은 화를 버럭 내며 도로 다시 다 빼앗아 버리고 마는 것이었다.

너무 더위에 지쳐있었기에 한쪽에서는 가자, 아니다 빨리 계산해주고 가져가자 실랑이가 벌어지는 헤프닝이 생겼다.

"그럼 그러지 말고 저분이 이해하기 쉬운 방법을 취합시다. 저대로 내버려두다가는 우리 모두 여기서 일사병에 걸려 쓰러지고 말거요."

"어떻게 말입니까?"

"아마도 저분은 평생에 처음 저렇게 한꺼번에 많이 팔아보는 것 같으니 신경 쓰이는 게 당연하지 않겠수?"

사실 당시 그들의 생활비라는 것이 아이 딸린 집에서 평균 10불(당시 한화 ₩700-/1불) 정도로 생활하고 있다고 하였다.

그러니 오늘은 횡재의 날인 것만은 틀림이 없는데. 잘못 팔았다간 큰일 날 것이고. 산다는 사람은 맞는다고 하여도 자기 머리 속에서도 맞아야 하는 것은 당연하다 하겠다. 횡재의 날이기도 하지만 잘못했다가는 처자식 몇 달씩은 족히 굶길 것이 뻔하기 때문이다.

"좋은 방법이 있습니다."

"뭔데요. 빨리 좀 말해요. 더워 죽을 지경이니까 말이오."

"저분이 계산하기 좋게 5개씩 나누어서 사는 겁니다."

"아하. 그거 좋겠네요."

그래서 다섯 개 사고 돈 주고 다섯 개 사고 돈 주고 하는 식으로 해서야 결론을 지을 수가 있게 되었다.

"아이구 맙소사!"

그 이후 그 몇 십 분의 땡볕 속의 씨름은 숙소에 돌아왔을 때 일행 중 한 분이 일사병으로 쓰러져 사경을 헤매이게 만들었다. 결국 일부가 며칠의 일정을 단축하고 추운 겨울을 맞고 있는 유럽으로 철수해야 하는 아픔의 추억을 안아야했다.

성경에 나오는 모세 시대의 60만을 헤아리는 숫자 또는 그 밖에 몇만 명씩이나 인구를 헤아리는 그 상세함은 당시의 상황을 이해한다면 현대에 있어서 초현대적 컴퓨터적인 것보다도 더 위대하다는 것이 새삼 느껴져 온다.

21세기를 코앞에 둔 현재에도 이러고 있는데…

3. 아프리카의 국제 신사

이슬람 지역의 카노 국제공항을 여러 시간만에 간신히 벗어났다.

그냥 강제 출국 당할 수도 있었던 위기를 벗어났으니 감사한 일이 아닐 수 없다. 열대의 땀흘리는 밤 기온도 잠시 잊었던 터이다. 선교물품을 잔뜩 실은 차량과 앞서가는 안내 차량이 시내를 벗어나려고 신나게 달려 댄다.

이제는 우리의 목적지를 향하여 달리기만 하면 되는 것이다. 그런데

별반 크지도 않은 것 같은 시내를 뱅글뱅글 돌고 있는 것 같은 느낌이
들었다.

우리에게 시내구경을 시켜 주려고 하나? 하지만 지금은 밤이다. 속히
이 지역을 벗어났으면 좋겠는데 하고 원주민 선교사님에게 물어보니
운전기사가 정신이 없어서 길을 잃었다고 한다. 고생은 우리가 했는데
왜 저 사람이 정신이 없어서 길을 잃고 헤매는고?

한참 후에야 벗어나 달리는 새까만 대륙의 밤. 그것도 잠시 뿐이긴
했지만 아름다웠다.

까만 사람들! 까만 대륙! 까만 밤!
게다가 까만 저 하늘!
'아프리카!'
그 까만 대륙에까지 올 수 있게 될 줄이야.
까만 모습들과 어우러진 까만 저 하늘 속에 보석처럼 박힌 저 별들.
유난히도 더 밝아 보이기만 한다.

우리 교회 식구들도 지금쯤은 저 별들을 보고 있을까? 춘양이가 이
도령 찾듯이 밤하늘의 별들을 바라보던 것이 얼마 만인가?

오염된 공기 속에서 하늘을 잃어 버린지도 오래여서 관심도 없을 텐
데. 이곳은 어두워 보여도 하늘의 별만은 더욱 또렷이 반짝이고 있는
것이다. 예수 믿는 축복이 아니고야 어떻게 맛볼 수 있는 일이겠는가!

한 시간쯤 달렸을까. 차가 멈추어 선다. 이제 숨 좀 돌리고 가려나 보
다하고 일단 하차를 하고 대륙의 공기를 흠뻑 취해 본다.

운전기사가 깡통을 들고 한참을 들락거리고 있다. 무엇을 하려는 것인가. 차에 문제가 생긴 것은 아니겠지.

곧바로 출발을 하지 않아서 물어보니 연료가 거의 바닥이 낫다고 한다.

'우리가 공항을 빠져 나오지 못하고 장시간 기다리고 있을 때 그런 것이나 채워 넣지. 원'

그러나, 만남의 기쁜 순간부터 이런저런 요구를 하는 것은 결례이고 저들이 안내하는 대로 우리를 맡겨보기로 하자.

"그런데 깡통은 왜 들고 다닙니까?" 못내 궁금해서 묻지 않을 수가 없었다.

"기름을 넣으려고요."

"기름을 깡통으로 넣습니까? 저 조그만 저 깡통으로?"

"네, 걱정 마십시오. 우리 일은 우리가 알아서 합니다. No Problem!"

No Problem이라니 쉽게 풀어보자면 문제가 없다는 "Ok!"이다. 그러나 이 언어는 이들의 습관적 언어이지 문제의 해결 방법과는 전혀 상관이 없는 뜻이라는 것을, 수없이 문제에 봉착하는 일들을 겪고 나서야 깨달았다.

No Problem은 그렇게 시작되었다.

기름이 없는 기름집에 들렀는지 다시 출발을 한다. 누군가에 의해 시작된 찬양이 온 식구에게 전달되어 합창이 되었다.

아마도 피로를 덜기 위하여 아니면 찬양으로 시작을 알리기 위하여. 무엇이 되었든 잔잔히 울려 퍼지는 찬양은 시원하게 달리는 공기를 갈

라내기에 충분하였다.

또 다시 반시간쯤 갔을까? 자정이 가까워 오는 시각에 차는 다시 멈추어 선다.

옆에는 주유소이다. 그런데 이제는 깡통을 들고 왔다 갔다 하지도 않고 서있기만 하였다. 왜 기름을 넣지 않느냐고 물어볼까 하다가 무슨 속사정이 있겠지 하는 마음으로 기다려 보기로 하였다.

그런데 기다리고 기다려도 소식이 없길래 운전을 하고 온 청년을 찾아 가만히 보니 운전석에서 의자를 제쳐놓고 눈을 감고 있는 것이 아닌가!

'거참 요상하다'

한참을 더 기다려 보아도 아무런 반응이 없어서

"무엇하세요? 기름 넣고 갑시다. 여기도 기름이 없습니까?"

"아니오."

"저기 기름집이 맞습니까?"

"예에."

"무슨 문제가 있습니까?"

"아뇨."

"그럼 왜?"

"밤이 늦어서요."

"늦었으니 빨리 넣고 가야잖습니까?"

"밤이라 안 됩니다."

"무슨 말인지?"

원주민 선교사와의 대화가 뭔가 꼬여 가는 것 같기도 하고 이해할 수 없어서 우리는 다그치지만 그는 항상 그렇듯이 태평했다. 한 옆에는 비좁은 차내 공간을 탈출한 일행들이 내려서 밤하늘 별들을 감상하랴 크로마하프에 맞추어 낮게 찬양하랴 이곳저곳들을 서성인다.

한참이 지나서야 속사정을 이야기한다.

"지금은 밤늦은 시간이기 때문에 잠자는 저들을 깨울 수가 없습니다." 멍하니 쳐다보고 있자 이어지는 대답이라는 것이 "우리는 신사들이거든요."

'신사는 영국 사람들을 두고나 하는 얘기지 이들은 아닐텐데….'

곰곰이 생각해보니 이들은 영국의 식민 지배를 받았던 나라인 것이다. '그래서 자기들도 신사라고 하는 건가'

"오늘은 여기에서 밤을 새워야 된답니다."

"뭐라고요?"

"첫 날의 숙소는 이 광야 아니면 이 차 안 둘 중의 하나랍니다."

"죽여주는구만." 성질 급한 분의 푸념이다.

"이유가 뭐요?"

"오일이 드롭돼서요."

"옆이 기름집이잖아요."

"그러나 깨울 수가 없데요."

"왜요? 우리가 가서 대신 깨워 줄까요? 우리가 넣고 가면 되잖소."

"이곳 규칙이 그렇답니다."

"이곳 규칙이 무언데?"

"인터내셔널 젠틀맨. 들어보셨는지 모르겠습니다."

"아이쿠 맙소사!"

"오늘이 금요일 아니우? 철야 기도하라는 하나님의 뜻인가 보우." 다른 팀의 은근한 답변에 가만히 날짜를 헤아려보니 마침 금요일.

첫 날은 거리에서 철야하는 시련으로 출발을 하게 하신다. 반 강제적으로.

아프리카의 신사님들 덕분에.

4. 벌금도 축복

올림픽이 끝나자 교회를 뜯어라 마라 하는 단속에서는 해방되는 듯 하였다.

가끔 동네의 통장이 찾아와서 간접적으로 압력을 가해서 얻어먹을 것이라도 없는가 하고 괴롭히는 것들 이외는 견딜만 하였다.

그런데 얼마 후 붉은 쪽지가 한 장 날아 왔다. 붉은 쪽지를 보고 좋은 소식일 것이라고 믿는 사람이 없는 것처럼 받아 쥐는 순간 가슴이 덜컥 내려앉았다.

천막이 가건물이니 벌금을 내라는 내용의 검찰 서신이었다. 큰 액수는 아니었지만 우리에게는 부담이 되는 액수여서 담당 검사를 찾아가기로 했다.

뜯어 치우라는 명령만이 아닌 것으로도 감사해야 할 것인데 액수를
좀 내리거나 분납했으면 해서였다. 역시 답변은 공손하여서 최대한 봐
줄 수 있는 한의 혜택을 준 것이기 때문에 더 이상은 안 되니 되는대로
납부해 줄 것을 부탁한다.

하는 수 없이 어려운 형편 중에서 간신히 마련하여 납부를 하게 되었
다. 난생 처음 내어 보는 벌금에다가 혹시나 나중에 또 내라고 하면 어
쩌나 하는 마음으로 영수증을 고이고이 잘 간직하기로 하였다.

그로부터 몇 년이 지난 어느 날, 난데없는 한 통의 전화가 걸려왔다.
천막에서 은혜로운 추억의 시간들을 마무리 한지도 제법 흐른 데에다
장소도 이전하여 새로운 단계에서 목회를 하고 있는 때였다.

과거 천막 교회의 땅 주인으로부터 전화가 온 것이다. 웬 일인가 깜
짝 놀라있었는데 그 동안의 소식을 전하며 고맙다는 인사와 함께 이유
를 말하고 있었다.

그 땅을 떠난 후에도 고마운 마음과 기도하는 심정으로 매년 교회의 카렌다를 보내 주고 있었는데, 그것을 통하여 전화번호를 안 모양이었다. 과거에 무슨 잘못이라도 있었나 해서 걱정을 하고 있었는데, 어느 때인가는 호랑이처럼 잡아먹을 듯하던 그때 그 주인아주머니의 음성이 그렇게도 상냥할 수가 없었다.

"목사님 죄송해요. 자주 안부를 전해드리지도 못하고. 늘 기도해 주신 덕분에 저희들은 교회에 아주 잘 나가고 있어요."

"할렐루야. 감사합니다. 별일은 없으시고요. 한 번 찾아뵈어야 할텐데 그렇지도 못하고 죄송합니다."

"별 말씀을요. 저희 아저씨도 열심히 교회 나가고 계시고 이젠 어려웠던 사업도 제대로 돌아가고 있어요."

"예에."

"근데 왜 갑자기 전화를 드렸나 놀라셨죠?"

"약간은요. 나쁜 소식은 아닐 것 같은데."

"물론이죠. 사실은 전에 계시던데 있잖아요."

"천막교회 그 땅 말입니까?"

"예. 그 땅에 세금이 나왔거든요. 그것도 생각한 것보다 많은 것 같아서요."

아이쿠! 그 때 거기서 신세를 졌으니 그것을 부담하라는 말을 하려는 것은 아닌가.

"그런데 그 땅이 공유지로 놀려 있지 않았다는 것만 증명해주면 많은 세금이 줄어든다고 해요. 그래서 얼핏 생각난 것이 목사님이었거든요.

맨 땅으로 놀려 둔 것이 아니고 교회로 활용되고 있었다는 것만 증명해 주면되는데."

'휴우' 안도의 한숨이 나왔다.

"그거라면야 어려울 것 없을 텐데요. 뭐. 교회 사진도 있고."

"그런 얘기도 하긴 했는데 그런 것은 얼마든지 위장할 수 있는 것 아니냐고 하면서 다른 것을 알아보라고 하던데 혹시 무어 자료가 될 만한 것이 없는지 해서 전화를 드려 봤어요. 목회 중에 바쁘실 텐데 죄송합니다."

"아니 괜찮습니다. 그 동안 신세 진 것을 어떻게 조금이라도 갚을 수 없을까 생각했는데 좋은 기회라고 생각합니다. 아하! 이런 것이 있는데 어떨는지."

"⋯⋯⋯"

"그곳에 있을 때 법원에 한 차례 벌금을 낸 적이 있거든요. 그런 것이 도움이 될는지 모르겠습니다."

"그런 거라면 백 프로 되지요. 혹 영수증이나 근거만 있어도요."

"한 번 찾아보겠습니다."

"꼭 좀 찾아주세요. 한 턱 낼께요. 그리고 찾게 되면 전화를 주세요. 제가 찾아가겠습니다."

"하나님의 전을 도우셨으니 주님께서도 크게 도와주실 것을 믿습니다."

"아멘! 전에는 정말 죄송했어요."

"죄송은 무슨 죄송요?"

"아시잖아요. 제가 하나님을 몰랐을 때 찾아가서 했던 그거……"

"아하, 무슨 말씀이라고요. 그 덕에 더 열심히 기도할 수 있도록 해주셨으니 그것도 감사한거지요 뭐."

아마도 교회를 누가 지으라 했느냐. 누구 허락을 받았느냐. 당장 뜯으라는 등의 것들을 말하는 것 같았고 그것들을 기억하고 있는 모양이다.

얼마 후 그분은 이사 온 새 처소를 방문하게 되었고 세금의 대부분을 탕감 받았다는 감사의 말을 전해왔다.

우리가 알거니와 하나님을 사랑하는 자 곧 그 뜻대로 부르심을 입은 자들에게는
모든 것이 합력하여 선을 이루느니라(롬8:28)

5. 새까만 집회

오후 3시부터 집회가 시작된다고 원주민 선교사로부터 일정을 들었는데 그 시간이 거의 다 되어도 나타나질 않는다.

숙소에서 집회의 장소까지는 적어도 차로 열심히 땀 흘리며 달려도 한 시간 반 정도는 소요되는 거리에 있었기에 우리의 일행은 초조해질 수밖에 없었다. 그 시간이 거의 임박하여서 나타난 깜둥이 선교사는 미안한 마음도 없이 태연하기만 하다.

게다가 한술 더 떠서 이제 식사를 하러 가자한다. 기가 막힐 일이지만 가만히 보니 엉겁결에 식사시간이 지나가 버렸는데도 우리는 집회시간 때문에 식사의 모든 것을 잊고 있었다.

식사도 좋지만 일단 시간이 넘었으니 우선 집회장소로먼저가자고 졸라댔지만, 선교사는 여전히 태연하였고 툭하면 'No Problem!' 이었다. 문제없으니 걱정 말라는 뜻이다.

'No problem! '

이 얼마나 듣기 좋은 언어인가. 열대의 기후에 살아가기에 항상 필요한 그 언어, 그 언어를 직역해서 믿었던 것들로 인해 당한 고통이 얼마나 많았던고.

제 3국 특히 미개국에서 물어 보아서 소용이 없는 몇 가지가 있는데 그 중의 하나가 시간의 개념이고, 또 하나는 숫자의 개념이다.

여기서 그곳까지 거리가 얼마냐 든가 얼마마한 시간이 걸리느냐는 것은 처음에는 움직일 때마다 물어댔지만 그 후 일어나는 결과가 전혀 딴판이어서 그 다음부터는 묻지를 않기로 작정 해버렸다.

서너 시간의 거리라는 것은 서너 시간을 가고 나도 도착이 안 되어 물어보면 또 서너 시간이 걸린다고 하는 그런 식이다. 화를 낼 수도 없고…

집회의 장소에서 기다리고 있을 수천의 사람들을 생각하면 숨이 확확 막혀왔지만 집회가 시작되는 시간에 우리는 점심식사를 하기 위해 특별한 호텔을 향하여 달려가고 있었다.

며칠 동안 음식이 맞지 않아 아무 것도 먹지 못한 분들이 있어서 고민하던 선교사는 그 지역에서 가장 이름난 호텔로 안내하겠다한다. 고민하던 가운데 생각해 낸 배려였다.

이미 우리는 내륙 깊숙이 들어와 있었기 때문에 호텔이란 것은 아예 기대할 수도 없는 입장이었다. 그런 중에 그것은 매우 다행한 일이라 생각이 되었다.

그가 안내한 호텔이란 간판이 걸린 곳에 도착해보니… 한국의 60년대의 시골집과 꼭 같은 모습을 보아야 했다.

그래도 간판은 'Delicious Food Hotel'로 보인다. 얼마나 감사한가. 이런 곳에 음식을 최고로 잘 만드는 곳이 별도로 있다니. 외모와는 달리 내적으로는 좀 다르려나 하는 기대감으로 폼을 잡으며 입장들을 하였다.

흙으로 칠이 된 담벼락에는 어디에서 구했는지 몇 년은 되었음직한 서양의 어느 여배우들의 색 바랜 절반 나신의 모습들이 붙어있어서 색달라 보이긴 했지만, 아프리카의 바나나 내음 나는 밥은 멋모르고 급히 먹어대는 일행들의 이빨들을 모조리 작살낼 뻔하였다.

우리는 돌멩이 밥잔치에 참여하고 있는 기분이었다. 그걸 먹고사는 저들이 신기하게만 보인다. 시간도 절약할 겸 잘 됐다 싶어 얼른 식사들을 끝내고 아니 포기하고 집회의 처소로 가기를 독려하였다. 서둘러야 할 사람은 선교사인데 정작은 외간 손님들인 우리가 안달이 나 있는 것이다.

도착을 한다 해도 이제는 세 시간쯤은 늦어지는 것 같아서 모두가 떠나 가버렸으면 어쩌나하는 두려움이 생기기까지 했다.

차량으로 한 시간 가량이 남아서부터는 길가를 거니는 적지 않은 무리들을 계속 만나야 했다. 저들이 무엇 하는 사람이냐. 혹 시골장이라도 서서 그곳으로 걸어가는 것이냐고 묻자 씽긋이 웃기만 했다.

길가를 줄지어 가는 그런 행렬이 더욱 많은 사람들로 지속되어서 계속 묻자 저들은 우리와 모두 만날 사람들이라고 귀뜸 해 준다. 결국 집회의 장소로 가는 사람들이었는데 먼 거리에서부터 오기 때문에 이미 이삼일 전부터 저렇게 걸어오고 있다고 하는 것이다.

걷다, 자다, 쉬다하면서 가는 모양이다.

부지런히 서두른 덕에 30분쯤 당겨서 두 시간 반 정도 늦어서야 집회의 장소에 도착을 할 수가 있었다. 그런데 입구에서부터 모여드는 수많

은 사람들! 세상에 이럴 수가!

우리의 입에서는 그런 답변 외의 다른 단어를 찾아 낼 수가 없었다. 새까만 무리가 차를 가로막아 앞으로 조금씩 나아가기조차 어려웠다.

단순하게 지었으면서도 광장처럼 넓게 지어진 성전의 안에서는 아프리카 특유의 귀를 찢어내는 고음의 찬양이 흘러나온다. 정해진 시간 두어 시간 전부터 저렇게 흔들어대며 찬송을 하고 있다고 한다.

그렇다면 적어도 한나절은 지났을 텐데.

하루 전에는 방문해야 할 처소와 일과가 겹친 데에다 너무 피곤하여 이곳을 사전에 다녀가지를 못했었다.

임시 대표로 어제 저녁에 다녀오신 목사님 왈!

'가보지 않으면 알 수가 없습니다. 아무 말도 하지 않겠습니다. 내일

가보십시오. 가보면 압니다.' 하시더니.

정글 내음 속의 독특한 특유의 하늘을 찌를 듯한 음성. 저 하늘을 꿰뚫을 것만 같은 그 음성은 우리로서는 도저히 흉내 낼 수 없는 특이한 묘미를 지니고 있었다.

단순한 가사의 반복되는 찬양에도 전혀 곤비함을 가져다주지 않고 모두가 일어서서 함께 하는 자연스런 그 율동은 가히 'Fantastic! 환타스틱! – 환상적'

그 외의 어떤 단어로도 표현이 되지 않을 성싶었다. 아무리 경건을 강조하고 노년의 보수성을 고집하던 원로 목사님도 30분도 채 안되어서 그 음에 눌려버렸고 그 율동의 자연화음에 동화가 되어버리고 말았다.

악기라고는 일만 여명 가량 수용이 가능한 공간 바닥에 서너 가지에 불과한데 그 모든 것이 전기용품이 아닌 자연 용품들이다. 그런데도 그 넓은 공간을 모두 포용하고 있는 것도 놀라운 일이 아닐 수 없다.

아마도 절제시키지 않고 내버려두면 밤이 맞도록 흔들어 댄다 해도 끝날 줄을 모를 것만 같은 분위기였다. 대개 열대지방의 민족들이 춤과 노래를 사랑하고 좋아한다고는 들었지만 이 정도일 것까지는 상상도 못했었다. 우리는 늦은 것이었으나 이곳을 잘 아는 선교사는 늦지 않은 것이었다. 이제부터가 시작이니까.

노래의 곡조들이 아주 단순하다. 그 나라의 원주민 언어를 전혀 모른다 해도 수 없이 반복되는 과정에서 십여 분만 있으면 모두 암기되어 버린다. 그러니 배웠든 안 배웠든 찬양하는 데는 전혀 지장을 느낄 수 없는 것이다.

그것을 내내 반복해 대지만 특이한 것은 지치게 하지도 않았고 지루하지도 않고 도리어 흥이 난다는 점이다.

이들은 이곳에서 이렇게 삼사 일을 지내게 될 것이다. 먹을 것이 없으면 굶식(?)하면서 말이다. 늦게 도착한 주제에도 한 시간 가량을 그렇게 더 어울려 주어야 했다.

참으로 찬양을 좋아하고 있구나. 이것을 막았으면 어찌했을까. 찬양으로 하나님께 영광을 돌리는 그 모습에 찬사를 보내지 않을 수가 없었다. 그러나 그들의 또 다른 속사정을 발견하지 못했더라면 아프리카라는 그 땅의 저들에 대해 편협적인 결론으로 결과를 맺어질 뻔한 것이 있었다.

정식의 예배를 드리기 시작하였을 때, 놀라운 한 가지가 눈에 들어오는 것이 있었는데. 수 천 명의 사람들 가운데 성경과 찬송 책을 갖고 있는 사람은……

고작 몇 십 명에 불과하다는 것을. 그것도 거의가 교역자 들 뿐이다. 저들이 성경과 찬송을 모두 암기해서는 아닐테고.

심지어 앞의 교역자들 좌석에 있는 중에도 빈손이 적지 아니 보이고 있었다.

그러니 할 수 있는 것이라는 것이 아프리카 특유의 소리를 내는 서너 종류의 악기에 춤을 추면서 단순한 곡조의 찬양밖에 다른 무엇을 할 수가 없었을는지도 모른다. 그 생각은 유감스럽게도 적중을 했다. 만나는 사람들마다 주소를 적어주느라 아우성이다.

그것은 "성경을 보내 주십시오."였다.

혹시 조금이라도 도움이 될까하여 그 지역의 가장 크다는 서점을 찾아 들러보았다. 먼지만 뿌옇게 쌓인 책의 진열장에는 얼마 되지 않는 진열로 전부가 돼 있었다.

한국의 한 어린아이의 방에 있는 서적만 늘어놓아도 그것보다는 다양하면서도 많겠다 싶을 정도였다.

비전도 지역의 어느 할머니가 평생에 성경책 한번만 보고 죽었으면 원이 없겠다고 하다가 방문한 목사님이 들고 있는 성경책을 보고는 "하나님! 수십 년간의 기도를 응답해 주셔서 감사합니다. 이제는 죽어도 여한이 없습니다."

그 간증이 아프리카의 곳곳에도 있는 것만 같아서 마음이 에어지는 것만 같다.

은혜의 그 찬양소리가 마치 하늘을 향하여 찢어지도록 부르짖어대는 간구의 소리로 들려온다. 그들도 내가 부르는 하나님 아버지를 똑같이 아버지라고 부르고 있는데…

양식이 없어 주림이 아니요 물이 없어 갈함이 아니요
여호와의 말씀을 듣지 못한 기갈이라(암8:11)

6. 기도할수록 문이 잠기는 것은

우리의 예배는 단칸짜리 방에서 시작이 되었다.

찬송소리를 듣고 달려온 몇몇 성도와 함께 '한 달여 동안은' 예배를 드릴 수 있었으나 세간 살이가 방안에 들어올 수 없는 복잡한 형편이어서 곧 이사를 하게 되었다.

조그만 가게가 딸린 집은 생활의 자유함과 나름대로의 예배를 드릴 수 있는 공간을 허락해 주었다. 그러나 그것도 잠시뿐, 우리는 1층에 살았었는데 가끔씩 울리는 찬송소리를 윗 층에 사는 주인집에서 아주 싫어했기 때문에 오래 견딜 수가 없었다.

어린아이들은 보편적으로 부모가 교회에 다니지 않는다 하여도 그런대로 찬송을 좋아하는 편인데도 그 집 식구들은 어른 아이 할 것 없이

지독스러울 정도로 싫어했
다. 더 좋은 장소를 허락하
시리라는 믿음으로 예배를
위하여 좀 더 넓은 처소를
구하여야 했다.

어느새 좁은 공간이 가득
차서 어차피 이전해야 할
것이었으니 말이다. 가게에
서 예배드리기를 반년쯤 한
후에 반 지하에서 공장을
하는 장소가 나타났다.

의료기 등을 조립하여 납품하는 것과 같은 곳이었는데 한두 해 정도
는 견딜만한 곳이라 생각되어졌고, 비록 월세를 안고 들어간다 해도 감
당할 수 있을 것만 같았다. 계약 후 별것도 아닌 것이 마음을 들뜨게 해
준다.

나름대로는 모양을 갖춘 예배를 공적으로 드릴 수 있는 공간이 생겼
기 때문이라는 기대에서였을 것이다. 날짜를 따라 기도하며 열두 제자
들처럼 교회의 기초 구성원이 될 성도들에게 광고를 하고 기쁨을 함께
나누기도 하였다.

그런데 막상 우리가 들어가야 할 날짜가 되었을 때!

가보니 비워주어야 할 사람은 온데간데없고 문은 잠겨져 있었다. 중간에 소개해 준 부동산 소개소도 난처해하면서 나갈 사람을 찾아 수소문하고 있는 중이라 했다.

며칠 있으면 나가겠지 하는 마음으로 기다렸다. 평일은 이리저리하여 견딜 수 있었지만 주일이 가까워 오자 마음 한 구석이 짐스러워졌다. 그나마 있던 예배 처소를 잃어버리게 되는 것은 아닌가.

이곳을 믿고 찾아올 성도들을 생각하면 답답하기 이를 데 없었다.

마음의 불안은 그대로 연결이 되어 주일이 되어서도 비워주어야 할 사람은 나타나질 않았다. 급기야는 부동산의 중개업자 아저씨를 다그쳐서 그 주일은 그 분이 근처에 제공해주는 탁구장을 빌어서 예배를 드리는 일까지 해야 했다.(그 탁구장은 부동산 아저씨의 동생이 운영하는 곳이었다) 오전부터 오후 1시까지는 사용해도 좋다고 했다.

별난 처소에서 드리는 예배가 끝이 날 무렵 주변 공장들을 대상으로 음식장사를 하는 집사님이 허덕거리며 달려왔다. 너무 기쁜 마음으로 새벽기도를 드리고자 새 처소를 찾아 떠난 것이 찾다 찾다 예배가 끝이 날 무렵에서야 턱걸이로 만나게 된 것이다.

이런 형편이 되게 한 저들에 대해서는 은근히 화가 나면서도 감사와 기쁨 그리고 마음의 뭉쿨함이 함께 어우러졌다.

주일이 지난 다음부터는 그 녀석(?)이 나타나길 고대하였다. 아닌 게 아니라 며칠 후 얼굴을 볼 수가 있었는데 뚱뚱하기 이를 데 없는 체구를 한 그 사나이는 프랑스제 최고급의 승용차를 타고 옆에는 아주 젊은 아가씨를 태우고는 버젓이 등장을 하였다. 그간의 사정을 말하고 은혜롭게 약속대로 비워줄 것을 부탁하였다. 그때마다 대답은 간단했다.

"미안합니다. 사정이 워낙 그래서요. 곧 비워드리겠습니다. 걱정 마십시오."

아무염려 말라는 말은 좋았지만 그 지하실 공장의 작은 형편에 하고 다니는 행실이 사업을 정상적으로 이끌고 가는 스타일은 아님이 금방 드러나 보였다. 그것이 마음에 또 다른 염려를 가져다주는 것이었다.

'그러나 할 수 없지 않는가. 기도하자. 이번 주일에는 약속의 장소에서 예배를 드릴 수 있도록'

그런데 이번에도 또 나타나지 않는 것이 아닌가.

어찌할꼬. 포기하고 다른 데로? 그러나 실상은 다른 데로 갈 만큼 여유가 있는 것도 아니고 하나님의 이름으로 광고를 내고 한 것들이어서 또 다른 장소로 바꾼다는 것도 부담이 되어 오는 것이었다.

'인내하며 기다려보자' '이럴수록 기도해야지'

이것이 우리들의 무언의 답변이었다. 예배의 처소가 공중에 떠버린 상태에서 난처해진 우리들은 마음껏 기도할 처소에 대하여 매우 갈급해 있었지만, 경험이 없는 우리로서는 달리 방법도 없었다. 그저 있는 일터에서 혹은 집에서 마음으로 울며 붙들고 기도의 분량만 쌓아가고 있었다.

학교에서 함께 공부하는 동역자 중 한 전도사님께 이야기를 하던 중에 이런 저런 형편을 털어놓게 되었다. 자신의 사정을 도통 남에게 말하기를 싫어하는 성격이어서 친구도 없는 편이었는데, 그 전도사님에게는 신앙 경력이 적은 나로서는 가끔 조언을 구하고 싶은 충동이 일곤 했었다.

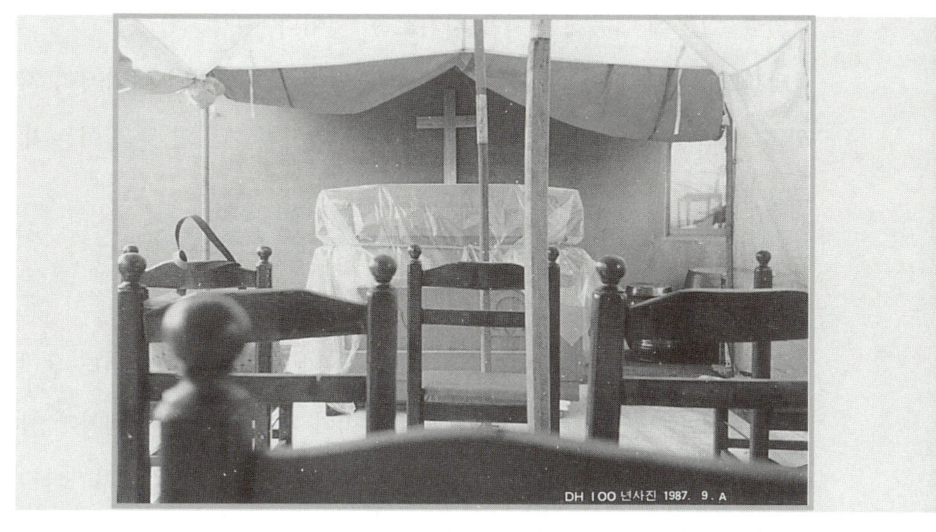

함께 공부하는 학우들은 늦게 부름을 받은 분들이 대부분이어서 나이들이 많았고 가장 젊은 층에 속한 나로서는 연령이 엇비슷한 그 전도사님이 그래도 편했다. 한참을 듣더니 어머니가 목회를 하고 계신데 그곳에 수련회 등에서 사용하는 천막이 하나 있다고 했다. 혹 유익이 될 수 있으면 가져다가 사용을 해도 좋다고 했다.

부동산 주인에게 말을 하여 우리가 들어가고자 하는 건물 도로변에 있는 바로 앞 건물 옥상을 좀 사용하면 어떻겠느냐고 했더니 그렇지 않아도 잔뜩 미안해 있는 터라 하실 수만 있으면 마음대로 쓰라고 했다.

마주보고 있는 두 건물의 원래 주인은 같은 사람이었기 때문에 가능해진 거였다. 이로 인하여 계약한 지하실 자리가 훤히 보이는 앞 건물의 옥상을 그곳이 비워질 때까지만 사용하기로 하였다.

올라가 보니 제법 깨끗했고 공간이 그런 대로 넓어서 활용 할만 해

보였다. 그곳에 이동식 천막을 치기로 한 것이다.

멀쩡한 시멘트 바닥에 붙들어 맬 수도 없는 처지였지만 이리저리 지혜를 짜내어 천막은 쳐졌고 그곳은 하늘을 향하여 기도의 문을 여는 새로운 터전이 되어 주었다.

이젠 주일날을 걱정 안 해도 좋으니 그것만으로도 견딜만 했다.

주일 날!

이상하게도 주일만 되면 되풀이되는 행사가 있었는데 그로부터 우리가 그 처소를 떠날 때까지 매 주일마다 비가 내렸고 바람이 세차게 불어 대었다. 여름에서 가을로 넘어가는 철이라서인지 바람도 차가와지기 시작하였고 태풍도 여느 해 보다도 잦아 보이기만 했다.

바닥을 확실히 붙잡아 놓을 수가 없었기 때문에 우리는 한 사람이 한 기둥 밑에서 그것을 붙들고 예배를 드려야하는 기이한 광경을 펼쳐대야만 했다. 설교도 설교지만 우리의 기도는 복합적이어서

"주여! 이 천막이 날아가지 않게 해 주시옵소서!"

말들은 하지 않았지만 속마음은 모두가 같았으리라 보여 진다. 외적으로 보면 요상한 모습에 한 명도 따라 오지 않을 것만 같은데도 인생의 저변에서 정이 들어서인지 다행히도 하나도 떠나가지 않고 모두가 예배 때마다 참여하였을 뿐만이 아니라 더욱 힘을 다하여 천막을 치고 거두는 일에 혼신을 다해 주었다.

혹시라도 연약한 전도사님인 내 마음이 상하지나 않을까 하여 도리어 위로해 주곤 한다.

"우리는 아무렇지도 않아요. 힘내세요."

천막의 기둥은 12개였다. 빗소리 바람소리는 찬송가의 반주가 되어 주었고 손마디 마디마다 힘이 들어가는 것은 설교에 집중하는데 더욱 초점을 맞추어 준다.

우리는 천막을 계속 쳐놓을 수가 없어서 예배 후에는 그것을 곧 거두어야 했고 예배 한 시간 전쯤부터는 천막 치기를 시작해야 했다. 그러니 천막을 치는 데는 선수들이 되었고 그 큰 천막을 치고 걷는데 고작 30분, 점점 숙달이 되어서는 10여분 정도면 모든 준비를 할 수 있게까지 되었다. 바람 부는 밤이면 아예 천막을 거두어 놓고 밤하늘 별들을 바라보며 기도를 올리기도 했다.

'우리는 미련하여서 하나님 뜻을 제대로 알 수 없지만 이 처소를 불만하지 않습니다. 주님의 뜻을 발견할 수 있도록 해 주시고 서로 간에 상처가 없게 해주시고 우리 모두가 힘을 잃지 않게 하여 주옵소서. 그리고 바로 앞의 저들도 속히 그들의 갈 길을 갈 수 있도록 열어주시어 주님의 예배의 처소가 안정되게 하옵소서. 현재의 모든 여건을 능히 감당할 수 있는 인내력과 힘을 불어넣어 주옵소서.'

그런데…

우리의 온유한 기도와는 상반되게 코 앞 아래의 지하실은 비워질 줄 몰랐다. 철야기도 후 혹시나 하고 내려가 보면 아예 언제 와서 잠가 놓았는지 문이 잠겨져 있어서 안에 들어가 볼 수도 없게 돼버리는 것이었다. 그럴 줄 알았더라면 전날에 저 짐들이나 몽땅 들어내 놓을 걸 그랬다는 생각이 들곤 하였다.

성격이 급한 성도는 그 문에 손을 대고 기도도하고 때에 따라서 우리

의 선행이 악으로 갚음 받는 것 같음을 느끼는 청년들은 기도 때마다

'저 사탄의 무리가 물러가게 하옵소서' 였고, 시간이 흐르면서 '사탄아 물러가라' 로 바뀌어갔다.

그러나 기도를 하면 할수록 그 문은 굳세게 잠기워져 갔다. 자물쇠가 자그마한 것으로 하나 더 추가되더니 점점 큰 것으로, 게다가 나중

에는 두개로 얼씬도 못하게 하는 것이 아닌가.

나의 마음은 다른 염려가 아니라 나부터도 초보이지만 그나마 초보 성도들이 시험에 들지나 않을까 하는 것이었다. 우리는 열심히 기도하고 악하게 대하지도 않고 하나님을 믿고 기도하는데 왜 되어지는 것은 마음의 응답이 아니고 자꾸만 더 어려워져 가느냐고 하면서 이해하기를 거부할까 하는 것 때문에 걱정이 되어졌다.

그래도 인내함으로 기뻐하면서 여리고 성을 무너뜨리는 마음으로 '기도합시다' 라고 하는 말 이것밖에 다른 방법이 없어 보였다. 어느 곳에 갔다 오면 혹시나 새로운 소식이 왔나하고 부동산에 물어보지만 답답해하기는 그곳도 동일할 뿐이고 매일매일 긴 하루는 좋은 소식을 담

고 오질 않았다.

이상한 것은 우리 모두가 힘을 모아 열심히 기도한 후 다음 날을 보면 언젠가 모르게 누군가가 그곳을 다녀는 갔는데 더욱 문과 및 창까지도 볼 수 없도록 더욱 폐쇄시켜 간다는 사실이었다.

한 달쯤 지나서는 우리가 두손들지 않을 수 없는 지경에까지 이르고 말았다. 입구의 문에 아예 용접을 해 놓은 것이었다.

'세상에! 누가 부수고 들어갈 사람이라도 있었단 말인가. 우리 말고 빚쟁이들이 와서 그 모든 것을 들고라도 갈려고 했는지. 생전에 그런 것은 또 처음 보는 장면이었다. 용접이 돼버렸으니 어쩌자는 것인가. 만나서 이야기를 하면 우리는 그에 맞는 방법을 찾을 텐데 말이다.

기도하면 할수록 잠기는 문.

기도를 하지 말라는 것은 아닐텐데. 그래도 기도하자. 기도 중에 새로운 해답을 발견할 수도 있지 않겠는가.

두 달 가량 지났을 때 우리에게 응답이 왔다.

하늘로부터……

"아래의 옆을 보아라!"

아래의 옆. 그곳은 빈터의 쓰레기장이다. 빈터로 있기에 주변 사람들이 연탄재며 여러 가지들을 버리고 있는 공터였다.

하나님께서는 세미한 음성으로 그곳을 지시하신 것이었다. 바로 옆. 너희가 고집스럽게 주장하는 그 퀘퀘한 지하실이 아닌 바로 옆의 넓은 공터.

그 넓은 공터가 왜 안보였는지. 우리의 주님은 그 곳을 사용하도록 지시하신 것이었다.

성화교회는 그 곳에 건축용 기초자재인 판넬로 작은 공간을 만들면서 새로운 장을 열게 된다. 할렐루야!

나중에 안 일이지만 최고급의 뿌조를 타고 다니며 약을 올리던 지하실의 그 사람은 옥중신세가 되어 있었다.

그리고 그 곳에 들어가지 않게 된 것이 얼마나 감사한 일인지. 만약 지하실의 그곳으로 들어갔었다면 매월 나가는 월세가 감당도 되지 않았을 뿐 아니라 판넬과 천막교회에서 겪었던 수많은 아름다운 일들과 기적의 경험들도 없었을 것이다.

빈 땅에서의 목회는 모든 것이 무료였다. 뿐만 아니라 햇빛이 마음대로 드는 넓은 공간에서 마음껏 추억의 경험을 쌓도록 그분은 미리부터 예비하고 계셨던 것이다.

7. 코 골이 베개 목사님
- 네덜란드 풍차

항상 인자한 모습을 지니신 백발이 성성한 목사님이 계셨다. 여행 중에는 늘 옆에 찾아오시며 의도적으로 함께 자리 하기를 원하셨다. 연로하시기도 하고 혹 대화 중에라도 목회의 경험담 등을 들으면 배울 것도 많겠다 싶어서 모시는 마음으로 동행하게 되었다. 사실인즉 그 목사님께서는 내가 영어를 조금 하는 것 같으니까 떨어져 있으면 곤란을 당할 것 같아서 굳세게 따라다닌다고 하셨고 그것을 이해해 달라고 하신다.

"우리땐 영어를 제대로 배우지 못해서. 정 목사 떨어지면 나 집에도 못 가니까 꼭 붙어 다닐 껴. 괄세하지 말라구."

"원, 목사님도 제가 영광이지요."

"집 떠날 때 사모가 그랬거든. 당신 한 마디도 못하니까 영어 할 줄 아는 분을 꼭 잡고 따라 다니셔야 해요."

알고 보면 나 자신도 영어에 익숙치 못할 뿐만 아니라 자신 있는 영역도 아니었다. 갑작스럽게 형성된 선교의 일행들이어서 서로의 형편을 알지 못했었는데, 한국을 떠나 외국의 공항에 도착하고 보니 이 방면에는 모두가 깜깜이었던 것이다.

대부분을 진행하던 나이드신 한 사모님도 국내에서는 아주 걱정이 없는 것처럼 말씀을 하셨었는데 어찌된 것인지 외국인이 알아듣지 못하는 입을 열고 계신 것이었다.

또 한 분의 예비주자가 있었는데 그분은 명문대의 고학력에다 함께 동행한 그분의 어머니가 늘 어학에 대해 아들을 자랑을 해 오셨었기 때문에 외국에서의 일정에 부담을 지닐 필요가 없다고 생각하였었다.

그런데 어찌된 일인지 현지에 도착해보니 그 분은 또 외국인을 만난 경험이 없고 해외는 처음이어서 입이 아예 굳어 있었다. 머리 속의 그 많은 지식이 빛을 볼 수가 없는 처지가 된 것이다.

모두의 길이 막혀있는 것을 발견하고서야 할 수 없이 허용되는 부분에서나 도움을 주자 한 것이 '정목사님이 영어에 능통하다' 고 소문이

나버렸다. 알아들을 수 없는 귀에는 그렇게 보일 수도 있었겠지만 나라마다 특성이 다른 언어를 구사하고 있기 때문에 적잖게 부담이 되는 부분이었다.

모두가 그런 사정이어서 이 부분을 위하여 하나님께서 합류하게 해 주신 것이 아닌가하는 느낌을 받았다. 그러니 외국인과 만나고 통역하는 것이 자동적으로 몫이 되고 보니 백발의 목사님이 어디를 가나 따라 붙는 것이다.

네덜란드에서는 잠자리를 배정함에 있어서도 비슷한 연령층끼리 배정을 하고 있었는데도 "나는 이리갈텨."하시는 바람에 더블 침대에 함께 눕게 되었다. 한국에서 어떻게 예약을 해 놓았는지 트윈도 아니고 더블이다.

잠자리를 통하여 노년의 목사님으로부터 여러 가지 열조의 터득한 일들을 좀 배워야지 했는데.

"정목사 피곤하지?"

"좀 그렇네요."

"그럼 우리 잠이나 자세." 말씀과 함께 여행 가방에서 이상한 짐 하나를 풀고 계신다.

"그게 뭡니까?"

"베갤세."

"베개요? 아니 베게는 여기에도 있는데 뭣 하러 짐을 늘리셨습니까?"

"아냐. 이건 특수한 거지."

"베개가 다르면 잠을 잘 못 주무시나보지요?"

"그게 아니고 이건 코골이 베게라는 건데."

아니 몇 마디 하는 중에 그것을 베고 눕더니 몇 초도 안되어서 코를 골아대기 시작을 하였다.

'아니 코 골이 베게라면 일부러 코를 골기 위한 것은 아닐텐데.'

그날 밤 신경이 예민한 나는 뜬눈으로 밤을 새워야 했다. 세상 걱정 없이 주무시는 노 목사님을 부러워하면서.

아침식탁에서 옆방의 목사님이 하시는 말.

"김 목사님, 밤에 웬 노래를 그리 크게 하십니까?"

"노래?"

"아니. 허허 코고는 소리가 우리 방까지 다 들려. 얼마나 크길래. 정 목사 잠이나 잤는지 모르겠어."

"그래? 난 아무 것도 모르고 그냥 잘 잤는데. 그랬어?"

그날 밤,

"목사님! 그 베게는 코를 골게 하는 겁니까? 아니면 코고는 것을 멈추게 하는 겁니까?"

"아니 세상에 코를 골게 하는 베게도 있겠는가? 이거 비싸게 주고 산 건데. 이상하네."

또 다시 몇 마디 하시는가 싶더니 묻는 말에도 대답이 없다. 이미 잠들어 버리신 것이다.

대개 코고는 사람들의 공통점이 빨리 잠이 든다는 것을 뒤에 알게 되었다.

아뿔사, 그 이튿날도 긴긴 밤, 님 그리워하는 여인네처럼 말똥말똥한 눈으로 밤을 밝혀야만 했다. 그러니 눈은 십리는 들어가는 것 같고 그러잖아도 시차에 육신은 말이 아니었다.

식탁에서 웃음 짓는 소리가 가물가물 들려온다.

"아니 김 목사님. 내가 별명 하나 지어줄게. 네덜란드 풍차. 하하하. 사모님 대단하신 분여. 옆방에 있는 나도 잠이 깰 정도인데 어떻게 주무시나 모르겠어?"

"별걱정도! 우리는 같이 골아대거든."

검은 대륙을 향하여 사하라 사막의 상공을 비행하고 있을 때에는 주위로부터 탄성이 들려왔다.

"와아. 저것 좀 봐. 저건 오아시스인가. 장관이구면. 내 평생에 가장 멋진 장면을 보고 있는 것 같애. 사막의 모래 파도 좀 보라니까."

그러나 내게는 한 시간 아니 몇 분의 잠이 더 애절했다. 그래야만 다음 일을 볼 수가 있을 것 같았다. 그 통역만 맡지 않았어도 비몽사몽간에라도 저 하나님 주신 작품을 찬미하였을텐데.

그 후로는 어딜 가나 잠자리의 조 편성을 할 때는 코고는 팀을 코 방으로 제일 먼저 분리하는 습관이 생겼다.
불만스러워 할지라도 "겪어보지 않으면 몰라유."
그게 나의 항변이다.

8. "환영! 선교단 오시다!" 깃발은 어데가고

복음전도에서의 열심과 함께 요란하게 소문내기를 좋아하는 데에는 한국인을 따라 올 나라가 많지 않을 것 같다는 말에 동감을 표하고 싶다.
아마 머리의 사고 속에도 그런 것들이 뿌리 박혀있는 것은 아닌지.
게다가 일단 대접받기를 좋아하는 데에도 뒤지라면 서운해 할 일이 한 두 가지가 아니다.
선교일행을 이끄시는 노년의 목사님의 생각은 과거의 풍습에 많은 부분을 점령당하고 계셔서 실제적인 것들을 이야기하여도 듣지를 않으셨다.

아프리카의 공항에서부터 해야 할 일들을 몇 차례에 걸쳐서 점검해 보자고 제안을 하지만 막무가내이다.

"웬 쓸데없는 생각들이 그리도 많아! 우리를 마중 나올 선교사는 그곳에서 총리와 같은 높은 지위를 갖고 있어서 아무 것도 방해받을 일이 없다는 것을 알아야 돼!"

"………"

"그리고 왜 있지. 프랭카드를 들고 〈환영! 한국의 선교단이 오다!〉라고 크게 써서 구름 떼 같이 마중을 나올텐데 무얼 그리도 걱정을 하나. 엉? 쓸데없이 요즘 젊은 종들은 예전 같지 않아. 믿음이 없어서 탈이야."

칠순이 넘으신 분을 설득한다는 것은 불가능한 일이었다. 체험만이 오직 교사가 될 밖에 없어 보였다.

선교사가 총리라는 것은? 한참을 곰곰이 생각을 해보았다. 그리고 그 선교사가 보낸 서신을 다시 살펴보았다.

그것은 교단내 Securatery 즉 총무의 일을 보고 있다는 것을 기록하고 있는 것이었는데 그 단어를 총리로 번역하여 계속 승격시켜 버린 것이다. 그 목사님은 영어에는 아예 깜깜이니깐 제쳐놓고라도 아주 외고집 스럽게 소문난 사모님이 요즈음 영어에 손을 대고 계셔서 백발이 성성한데도 오나가나 이어폰을 꽂고 다니며 공부를 하고 계신 중이었다. 그 열심만은 심히 본받을 만했다. 그 사모님은 목사님보다 한 수 위여서 총회장님이라는 별명이 붙어 있었다. 그 문구를 굳세게 그렇게 번역을 하고 붙들고 있었고, 또 주위의 이야기에도 흔들리지도 않고 그렇게 믿고 있었다.

그 권세자가 초청을 했는데 무슨 걱정이고 구름 떼처럼 우리 나라의 초창기 공항에서 영접하듯 하는 장면을 연상하고 계신 것이었다. 이런 일에 있어서는 차라리 우리가 진정으로 틀리기를 바랬고, 노 목사님의 예견이 맞기를 간구했다. 그렇다면 이 얼마나 신나는 일이겠는가. 우리의 오류는 열 번 백 번 물러가도 아무 일도 아니다.

그런데 일정 중에 막상 목적지의 공항에 도착해 보니. 마중 나온 것은 구름 떼처럼 몰려드는 시커먼 짐꾼들뿐이고 통관조차 되지도 않을 뿐 아니라 우리가 두어 시간씩이나 흩어져 생고생을 할 때까지도 선교사라는 사람의 그림자조차 볼 수가 없었다.

질식해 숨이 막힐 것만 같은 상황 속에서 간신히 나타난 새까만 선교사는 한쪽 다리를 절어가며 지팡이에 의지한 몸으로 아무 말도 조언하

지 못하는 미약한 존재의 한 마중 꾼

에 불과 했다.

더구나 그 지역이 이슬람 지역이어서 죽지 않고 빠져나갈 수만 있어도 당시로서는 그것이 기적이었던 것이다.

준비했어야 할 마음과 기도 그리고 필요물들을 구할 수 없는 땅에서,

'환영. 한국의 선교 팀이 오다!'

그것을 찾는 우리의 시야에 들어오는 것은 코앞에 우뚝 서있는 그 큰 화려한 이슬람 사원뿐이었다.

9. 춤추는 헌금시간

헌금 시간이 시작 된지 한 시간 하고도 반시간쯤은 지난 것 같은데 아직도 언제 끝이 날는지를 모른다.

한국에서 같으면 헌금 시간에는 헌금 바구니를 돌린다 든가 아니면 그것에 대해 부담스러워 할까하여 뒤편에 헌금함을 놓고 기쁨의 시간인지 아니면 약간 거북스러운 시간인지 분간하기 어려운 가운데 진행이 되는 경우를 많이 보게 되는데…….

가난하기 이를 데 없는 이곳 아프리카에서의 헌금 시간은 의외로 예외였다. 물론 특별 집회라서 좀 길어지고 분위기가 쇄신되었다고는 할

지라도 평소와 크게 벗어나지는 않는 것 같았다.

　수천 명이 올린 헌금의 액수는 고작 백 달러도 되지를 않는다. 그것도 글자조차도 알아보기가 힘들 정도로 찌든 지폐와 일그러진 동전들. 이는 그들의 생활이 어떠한가를 말해준다. 반면 한편에는 각지에서 생산된 과일들이 가득하다.

　예배의 순서를 따라 헌금 시간을 알리자 또다시 찬양이 시작되었다. 더불어 일제히 일어나 특유의 율동이 시작되었다. 그들에게 있어서 헌금 시간은 진정 기쁨의 시간임에 이의가 없다.

　그 무엇을 조금이라도 드릴 수 있다는 것이 기쁨이었던 것이다. 보잘 것 없는 자신들을 택해 주시고 찬송할 수 있도록 하시고 상급이 있게 하신 하나님 그 분께 무엇이라도 드릴 수 있다는 것은 진정 그 무엇과도 바꿀 수 없는 기쁨 그 자체였던 것이다.

　우리가 사랑하는 자에게 무엇을 줄 수 있을 때 기쁜 마음으로 제일 좋은 것을 구하여 주면서도 기쁨을 놓치지 않는 것을 알 수 있다.

　그런데 먹을 것이 풍성하고, 그들과 비교할 수 없이 높은 생활수준을 갖고 있는 한국에서는 왜 그 시간이 그렇게도 말거리가 많은지. 너무나도 비교가 되어서 마음을 가누기 어렵기까지 했다.

　헌금 위원들은 커다란 양푼 같은 넓다란 그릇에 예물을 담아 강대상으로 나오면서 연일 기뻐하는 몸짓과 엉덩이춤을 추며 나오는 것이다. 또 다른 편에서는 풍성한 과일들이 담긴 그릇을 머리에 이고 나아온다. 그들은 가진게 별로 없는 사람들이다.

　아니 거의 없는 자들이었다. 그러나 그 시간은 잔치의 시간이었고 기쁨이 가득찬 시간이었으며 또한 풍성했다. 마음이 풍성했고 드리고자 하는 그 마음들이 왠지 가득해 보였다. 더욱이 전혀 부담스러워 하지도 않았고 온 정성을 다하여 드리며 함께 어울리는 시간이었고 완전히 개방된 시간이기도 하였다.

한 차례의 헌금 시간이 끝나고 기도도 끝이 났는데 사회자가 조용히 입을 연다.

"제가 며칠 전에는 시골의 어느 지역을 다녀왔습니다. 그런데 그곳에 있는 교회의 지붕이 바람으로 날라가 버리고 말았습니다. 벽도 허물어져 버렸습니다. 어떻게 해야 할까요? 우리 힘을 모아 도와야 하지 않겠습니까?"

"아멘!" 그 소리가 천지를 진동한다.

또 다시 악기는 두들겨지기 시작했고 찬양과 율동이 시작되면서 헌금은 다시 이루어지기를 시작한다. 기도하는 찬송은 그 한번의 시간이 반시간 가량은 진행되었다. 헌금을 모아 정리하고 기도하자 사회자가 다시 한 마디 한다.

"어저께는 어디에 사는 누구를 방문하였었습니다. 그가 아프다는 소식을 듣고 달려간 것입니다. 그런데… 일어서지도 못하고 누워서 신음하고 있습니다. 우리 함께 도와야 하지 않을까요? 특별히 헌금을 하십시다."

"아멘!"

찬양은 그렇게 시작되고 그런 시간을 위하여 온 것처럼 함께 기쁨을 향유하는 모습은 감명의 시간이었다. 사랑하는 자를 위하여 나의 적은 물질이 쓰임 받는 다는 것 그것보다 더 가치 있는 것이 있겠는가? 이때를 위하여 땀 흘려 수고한 것이 아니었던가?

헌금의 시간은 상상을 초월하여 길어졌지만 전혀 지루하지 않았고 도리어 도전을 받게 하고 있었다. 무엇보다도 가장 기뻐하는 시간이었다. 춤추는 그 헌금시간이 우리에게도 적용될 수 있을런지.

10. 축복과 불평

천막교회를 세워놓고 얼마 안 된, 한 여름 장마의 계절에 일본으로 선교를 나갔을 때의 일이다.

부산에서 스물 한 시간동안 배를 타고 오사카에 도착한 후 얼마가 안되어서인지 육신이 피곤하기 이를 데 없었다.

그럼에도 동역자인 친구 전도사와 함께 숙소에서 오사카 성까지 한 시간 가량을 한번 천천히 걸어가 보기로 하였다. 그 곳 바람도 익히고 주변도 구경할 겸 무엇보다도 그 동안 만날 수 있는 교회가 몇이나 되나 헤아려보고 싶었기 때문이다.

날씨는 무척이나 더웠고 습기가 가득 찬 환경은 보통의 인내로는 감당하기가 힘들어서 괜한 일을 하고 있는 것이 아닐까 싶기도 했다. 낮 동안의 일과시간에는 우리나라와는 달리 선진국의 대부분이 그렇지만 거리에서 사람들을 그리 흔하게 만날 수 있는 것이 아니었다.

모두가 일터에 묶여 있기 때문이다. 간간이 만나는 사람들을 찾아 물어 가며 걷는 거리는 쉴 자리조차도 별로 없어서 더욱 피곤을 덧입혀 주고만 있었다. 놀랍게도 그 높다란 성이 보일 때까지도 교회는 하나도 발견을 할 수가 없었다. 고의적으로 피해 다닌 것도 아닌데.

아마도 한국에서 같으면 눈에 보이는 것이 교회요, 밤 결에 밖을 바라보면 빨간 십자가의 탑으로 꽃을 피웠을 텐데. 가는 곳마다 솟은 십자가들, 한국에서의 그 모습이 그렇게도 부러울 수가 없었고 보고 싶기 이를 데 없었다.

축복의 내 조국, 천막의 한 옆에 세워진 그 초라한 나무 십자가 조차에도 감사하는 마음과 그리움이 겹쳐져 온다.

그런데 어찌된 일인지 한국에서의 그들은 불평을 말한다.

십자가가 너무 많다고. 주의 종들이 많다고. 그래서 숙달된 그 입술들은 감사보다도 '죽겠다' 로 일관하는 것은 아닌지.

배가 고파도 죽겠다. 배가 불러도 죽겠다. 어려워도 죽겠다. 좋아도 죽겠다. 그런 어처구니없는 말들로 …….

무엇으로 심든지 심는 대로 거둔다고 했는데. 차고 넘치는 것은 하나님의 축복의 방법이 아니겠는가. 그 축복을 잘 감당할 수 있기를 기도해 본다.

| 시 한 편과 함께 |

메마른 감사

11. 교회가 철거된다면

12. 하필이면 나무땔감

13. 천막교회의 온도가 섭씨 44도인 것은?

14. 어린이들의 기도로 교회가 살다

15. 우리 집 아내의 날

16. 조의 알갱이 숫자가 몇 개?

17. 개도 사랑하는 자를 아는데

18. 성탄선물인 헬리콥터 차와 아이들

19. 논쟁과 낭비

20. 포도주 홀짝 홀짝사건

메마른 감사

(크리스챤문학 신인상 당선작)

삼 년 가뭄에 대지가 목이 타있고
가시 돋친 엉겅퀴만 삐쭉이 솟아난 것은
마음에 감사가 가물어서
가시만 남아있기 때문이요

훨훨 벗어버린 가시나무에서
쬐깐 열매마저 딸 수 없는 것은
마음에 감사가 가물어서
앙상한 줄기만 남아있기 때문이요

열매 없는 가지가
뒤 뚤려 꼬여 노는 것은
마음에 감사가 가물어서
꼬여 엉킨 뿌리만 남아있기 때문입니다

삼 년 가뭄에 대지가 쪼개어져 갈 그 때에
숨어살던 뿌리마져 히죽이는 것은
마음에 감사가 가물어서
뿌리내릴 여가를 찾지 못해서요

마음의 처마 끝 조차에도
단비를 내릴 줄 모르는 것은
감사가 메말라 버린
그대의 마음 때문입니다.

11. 교회가 철거된다면?

교회가 철거된다면 땅을 파고 지내자.

'…철야기도, 새벽기도의 자유화, 교회는 마음껏 기도할 수 있어야 …'

그럴리야 없겠지만 교회가 강제로 철거된다면 어떻게 하겠는가? 멀지 않은 곳에서도 우리와 유사한 천막교회가 있었는데 불도저로 밀어붙여서 보기가 민망할 정도로 흉해져 있었는데 게다가 건물 건너 옆집의 가건물은 해머로 두들겨 패져 있어서 뭉개져 버리고 말았다.

점점 조여 오는 외압 속에서도 교회가 부서지지는 않으리라는 믿음

은 있었지만, 그래도 성도들의 마음은 어떤지 속마음을 읽고 싶어졌다. 옹기종기 모여서 기도하다 말고 누군가가 던진 말에 답변이 가지각색이다.

"그런 말은 아예 하지도 말고 생각도 하지 말자구요."

"그렇지만 옆 건물을 봐요. 아예 찜빠가 돼 버렸다고, 우리는 대로변에 있는데, 우리라고 편할리 있겠수?"

"아이구 형제님, 여기는 교회예요. 교회."

"길 건너 교회 봤지? 햐, 말하고 싶지 않당께."

묵묵히 듣고 있던 한 자매님 하는 말,

"다 뜯겨버리면 땅을 파고 들어가면 어떨까요?"

"땅을 파요?"

"네에. 개미처럼. 그것까지 부수진 않을거 아녜요? 전도사님 설교 중에 유럽의 어느 교회는 바위를 파고 들어가서 형성된 교회도 있다던데 땅을 파는 거야 바위를 뚫는 것보다야 쉽지는 않겠어요?"

"땅을 판다? 그거 기가 막힌 아이디어네. 할렐루야. 여러분 의견은 어떻습니까?"

"좋아요. 그런 좋은 아이디어가 있는 걸."

"기도하니까 하나님께서 주신 지혜 아니겠어요?"

"그럼 이제부터 걱정하지 말고 맘 놓고 기도합시다."

밖에서도 다 들은 소리인데도 막상 본론에 들어가자 반색을 하여 한참을 설명한 뒤에야 호쾌한 반응이 나왔다.

"그래서 그런가? TV를 보는 중에 중국의 어느 지역인가는 땅 바닥을 파고 내려가서 집을 짓고 살고 있더라고요? 그것을 보면서 나도 그런 생각을 은근히 하고 있었는데."

"그럼 만장일치네요. 무엇보다 마음껏 기도할 수 있을 테니 좋고요. 우리는 기도 빼면 할 것이 아무 것도 없는데. 잘 됐네요. 이대로도 좋고 뜯겨도 좋고."

"못 말리는 식구들이요. 우리는 반드시 승리합니다."

"아멘!"

그때부터 각양각색의 지하 설계도가 다 나왔지만 그 설계도를 따라 지하교회를 짓도록 허락하시지는 않았다. 이유는 주변의 가건물들은 모두 매일같이 철거가 되었어도 우리는 우리가 스스로 떠날 때까지 그대로 존재시켜 주셨기 때문이다. 땅을 파고 들어갔더라면 더 좋은 간증거리들이 생겼겠건만 말이다.

12. 하필이면 나무땔감

이웃 교회에 다니는 젊은 학생 전도사님이 급히 뛰어왔다. 무엇인가 기쁜 소식을 전하려는 모습으로 헐레벌떡거리면서 말이다.

"전도사님! 좋은 소식이 있는데요."

"예? 무슨 소식이길래."

"혹시 겨울 땔감 준비하셨습니까?"

"아직요."

"그럼 잘 됐네요. 제가 사는 옆집을 지금 막 뜯었는데요. 늦으면 누가 가져갈 봐서요."

"무슨 말인지?"

"예에, 제집 옆집이 낡은 목조 건물였었거든요. 그런데 새집을 짓는다고 몽땅 뜯어 놓았어요. 그 나무로 교회의 겨울 땔감으로 쓰시면 어떨까 해서요."

"예 에-"

"제가 그 집에도 얘기를 해 놓았는데 가져다가 때도 된다고 했어요."

"네에. 괜찮은 것 같긴 한데 …"

"가져오는 것은 걱정하지 마십시오. 우리가 가져오겠습니다."

말이 끝나기도 전에 쏜살같이 달려간다.

'나무 땔감이라'

사실은 도회지에서 나무를 땔감으로 쓰는데도 없었을 뿐만이 아니라 절약만 잘한다면 연탄 일 이 백장이면 그런 대로 겨울을 날 수 있는 형편이기도 한데, 그렇지만 가져온다고 하니 별 손해도 없을 것 같아서 엉겁결에 대답을 하고 말았다.

집을 뜯은 그 사람은 사실상 이런 것을 처분해주면 대단히 고마운 형편이었을 것이다.

그것을 버리려 해도 적지 않은 비용이 들어야하기 때문이다. 결국은 몹쓸 쓰레기를 받고 있는 셈인데도 우리의 형편이 어려워 보였던지 조금이라도 도움이 되고자하는 그 전도사님은 신이나 있었다. 가져와도 문제가 한두 가지가 아닐텐데…….

쌓아 놓아야 하는 공간하며 천막 속에서 어떤 방법으로 불을 지필 것이며 또한 엉망으로 되어있는 재목들을 땔감으로 조각조각 내야하는 것 등등.

그러나 이미 시작된 일은 집 한 채의 부서진 석가래, 기둥등을 고스란히 천막교회를 둘러 진 치며 빼곡하게 쌓아놓고 있었다. 나름대로 모양새를 갖고 있던 교회가 폐허더미에 쌓인 것처럼 보였지만 그래도 겨울을 날 수 있도록 미리 땔감을 준비해 주심에 감사를 하였다.

그리고는 시간이 나는 대로 실내에 난로를 설치하고 난방을 할 수 있는 연통 등을 재미있게 구성해 놓았다. 연탄이나 기름에서 멀어져버린 첫 해의 천막에서의 겨울은 여러 가지로 부지런해지지 않으면 안 되게끔 만들어 주셨다.

적어도 예배시간 두어 시간 전쯤부터는 불을 지피기 시작해야하는 수고도 있어야만 한다. 왜냐하면 조금이라도 늦으면 불이 덜 지펴져서 연기가 온통 뒤덮어 버리기 때문이다.

그렇게 하기를 실상 몇 주나 하고 보니 너구리 잡는 데는 서로가 선수이다. 천장부터 타고 내려오는 연기는 광야의 무슨 구름기둥이라도 되는 양 설교단의 코 밑 즈음에서 곧잘 멎어버리곤 한다.

일기가 좋지 않은 날은 합심해서 고생을 하라고 해서인지 연기가 점점 아래로 내려오기 시작하여 바닥까지 덮어버릴 때도 있었다. 예배드

리는 모습이 처음에는 꼿꼿이 앉아 있다가 연기 따라 점점 허리가 구부
러지기 시작해서 코를 바닥에 닿도록 겸손하게 만들어 주시니 감사한
일이 아닐 수가 없다.

그 어려움들을 불평 없이 견디어준 성도들을 생각할 때마다 지금도
감사를 한다.

외부에서 보면 가관일 것 같기도 하였다. 창문으로는 꾸역꾸역 기어
나오는 연기로 말미암아 불이라도 난 것이 아닌가 싶을 정도일 때도 많
았고 그 가스실과 같은 속에서 서로의 얼굴을 찾아가며 은혜를 나누고
찬송을 하는 모습이라는 것이…….

그러나 얼마 후부터는 장작을 지피는 기술도 많이 늘어서 그런 현상
에서는 해방되는 날들이 점점 많아질 수 있었다. 좀 더 부지런해지기만
하면 말이다.

또 하나는 장작을 만드는 일이 여간 번거로운 것이 아니었다. 시간마
다 지펴대는 장작은 어찌나 속히 없어지는지, 대부분이 직장에 나가고
있었기 때문에 그것은 오직 나의 몫이 되어버리고 만 것이다.

사실 당시의 나는 몸이 극도로 좋지 않아서 하루하루를 견디기도 힘
겨운 처지였다. 그렇다고 자매님들을 불러서 톱질하라 도끼질하라 할
수도 없고.

이는 내 몫으로 주신 것으로 믿고 시간이 날 때마다 천막으로 달려가
서는 그 날의 몫을 해놓곤 하였다. 많은 것을 할 수도 없어서 그 날의
것만을 하고 쉬고. 다른 것을 할 겨를도 없는 신세가 돼버렸다. 과거로
돌아간 것만 같은 그 생활이 싫증이 나질 않았고 불만이 없었으며 왠지

마음 한 구석에는 매일 같이 기쁨이 심기어져갔다.

나도 할 수 있고 해도 견딜 수 있다는 확신 속에서 가만히 헤아려보니 매일 매일의 생산량(?)이 조금씩 늘어나는 것을 체크하게 됐다.

밥상에서의 입맛이 돌아오고 팔다리에 힘이 붙는 것이 느껴졌다. 성전을 따뜻하게 해준다는 자부심과 연기 속에서도 감사의 예배를 드리는 성도들에게 이번에는 깨끗하게 예배를 드릴 수 있도록 해주어야지 하는 마음은 앞의 행할 일에 신바람을 불어주었다.

여기에서 배운 기술은 그 후 적지 아니 쓰임 받을 수 있도록 도와주시기도 하였다.

어느 해인가 한 겨울에 강화 쪽으로 가는 길 중에 있는 기도원을 소개받아 간 적이 있었다.한겨울의 산중에 있는 기도원은 목사님이 안 계시고 나이가 지긋이 드신 사모님이 운영을 하고 있었다. 목사님께서 사고로 먼저 소천을 하셨기 때문에 그것을 이어받아 하는 수 없이 이끌어 가고 계신 곳이었다.

게다가 자녀들은 많아서 자그마한 살림집 방안이 아이들로 충만했다. 어려운 살림을 이끌어 가니 방문하는 분들도 좀 여유가 있어서 헌금도 풍성히 해주고 가면 좀 힘을 얻을 수 있을 텐데 내 경우는 정 반대여서 주머니는 텅 비어 있고 쌀 몇 되박만 퍼 가지고 갔던 것이다.

빈손 들고 간 것보다는 나았겠지만 원장 되신 사모님의 표정을 보니 그리 반가와 하는 것 같지는 않아 보였다. 그러나 어찌하랴 이내몸은 갈급한 기도제목을 안고 올라간 것을!

기도원에 무엇인가 유익이 되어 주어야 할 텐데 하면서 도울 수 있는 무엇이 없을까하고 한번 둘러보게 되었다. 산에 있는 터여서 마침 그곳은 겨울 난방을 나무로 하고 있었다.

어느 누가 베어놓았는지 커다란 창고에는 베어 온지 오래되어 보이지 않는 나무들이 가득히 쌓여 있는 것이 보였다. 그러나 사모님을 비롯하여 모두가 여아들이어서 감히 손을 대지 못하고 있는 것 같았다.

그래서인지 나무의 가는 가지들만이 꺾여져 땔감으로 놓여 있었고 진정 제몫을 해야 할 덩치 큰 나무들은 나 보아란듯이 나자빠져 있는 것이었다.

"제가 좀 도와드리겠습니다."

"도끼, 톱 다 거기 있어요."

시큰둥한 언사는 내 모양이 연약해 보여서인지 할 수나 있겠느냐는 투이다.

하나님께서는 기도와 잠자는 일 외의 그곳에서 봉사할 수 있는 기회를 내게 주신 것이다. 그 동안 천막에서 갈고 닦은 솜씨는 힘으로가 아닌 기술로써 그 많은 것들을 모두 아담한 땔감의 모양으로 변화되게 해주셨다.

언제쯤 하게 될지 몰랐던 그것들. 누가 해주지도 않던 일거리들…. 소천하신 목사님을 생각하며 바라볼 때마다 가슴 한구석을 뭉게지게 했을 그 모든 것이 깔끔히 처리된 것을 보고는 감격스러워 했다.

그 뒤로부터는 숙소까지 어린 딸을 시켜 식사시간을 알려오던 것을 무슨 기쁜 소식이라도 들고 오는 양 사모님이 직접 오셔서 대접을 해주시는 것이었다.

무엇인가의 형편에 따라 변화를 갖는 것이 바람직해 보이지는 않았지만 그 땀의 수고로 인해 더욱 가까워 질 수 있었고 기도의 한 모퉁이를 담당할 수 있도록 해주신 것이다.

천막교회에서 집 한 채를 고스란히 처리했을 즈음엔 겨울이 지나고 봄의 문턱에 다다르고 있을 때였다.

남지도 모자라지도 않게 하여 주신 것이다. 긴 겨울이 지나며 천막의 온전한 모습이 다시 드러나기 시작했고 더불어 땀 흘려 일할 기회를 주시었음은 보너스로 육신도 강건하게 해 주신 것이다.

13. 천막교회의 온도가 섭씨 44도인 것은?

주일 낮 설교를 하고 나면 온 몸이 땀으로 목욕을 하고 있어야 했다.

천막의 내부는 온실이 되어 있어서 천막 위에 별난 것들을 다 덮어도 온도를 끌어 내리는 데는 도움이 되지 않았다. 이 방법 저 방법이 안 되니까 방법은 하나, 서로 인내하는 길 밖에 없었다.

오전 10시쯤 모일 때에는 그런 대로 견딜만 했지만 슬금슬금 올라가는 온도는 낮 예배 시간인 11시로부터 자동적으로 은혜를 받게 해주어서 정오쯤 끝날 즈음에는 모두의 얼굴들이 벌겋게 달아올라 있어야 했다.

천막 내부의 온도는 기억하기도 좋게시리 44℃!

우리 지역의 목회자 모임은 매우 은혜롭고 아름다웠다. 각 지 교회에서 수고하시는 모습들을 매달 한번씩 본다는 것이 아쉬울 지경이었는데 언젠가 부터는 이 좋은 분위기가 약간 일그러져서 말이 많아지기 시작한 때가 있었다.

하필 그 시기의 모임이 순서에 따라 우리교회에서 갖게 되었는데 그 사랑하시는 목회자들이 우리 천막 속의 그런 형편을 알리가 없었다. 모이는 시간도 약간 늦어진데다 설교도 길어지다 보니 앉아 인내하시는 데에도 한계성이 온 모양이다.

분위기는 그저 빨리 끝내고 그 처소를 떠났으면 하는 바램들이 역력했다. 예배후의 회무 처리는 일반적인 경우 같으면 꽤나 소요되어야 할 것들이 모임 역사상 속전속결 법이 적용되지 않을 수 없게 돼 버린 것이다.

그 후, 쓸데없는 말거리들이 몽땅 사라져 버렸으니 이 얼마나 은혜로운 일인가! 44℃는 엉뚱한 일거리들을 사장시켜 주는 온도가 돼 준 것이다. 가장 빨리 가장 은혜롭게 끝이 난 모임으로 기억되었으니 이 얼마나 축복인가!

얼마 후, 네덜란드의 스키폴 공항을 떠나 아프리카로 향하여 예정대로 가야만 했는데 눈이 너무 와서 (그곳의 일기예보는 30년만의 폭설이라고 주장하고 있었다.) 비행기가 제대로 이륙할 수 있을지가 의문이었다.

날씨도 쌀쌀한 데에다가 공항은 온통 눈으로 덮여 있었기 때문에 떠나지 않으면 안 되는 마음을 조급하게 해주고 있었다.

하나님의 사역은 막힐 수가 없는 것이어서 공항의 끈질긴 노력의 대가로 한 시간쯤 늦게야 이륙에 성공할 수가 있었다.

시간이 흐를수록 기내에도 더위가 오르기 시작했고 기내에 들어오자마자 나타내기 시작했던 밀림의 냄새(아프리카 사람들의 특유향기)는 제 멋을 구사하기 시작했다.

서부 아프리카에 처음 도착하였을 때는 목욕탕의 쑥탕에 들어선 기분이었다. 그러니 일행 모두가 헉헉거릴 수밖에 없었고 뒤의 일정에 대하여 걱정이 앞서지 않을 수가 없었다. 그러나 나에게 있어서는 그 기온 그 향기가 어디선가 많이 느껴 보았던 것만 같은 그러면서도 쉽게 찾아지지 않는 그 무엇이 뇌리를 장악하고 있었다. 바로 그 때의 그곳 온도가 나중에 알고 보니 44℃였던 것이다.

아프리카는 우리의 주 사역지 중의 하나가 되어있는데 그 기온을 느낄 때마다 천막에서의 연단을 감사해 하곤 한다.

인간이 한치 앞도 바라보지 못해서 당장의 고난에 대하여 불평일 때가 많은 것이지 주님은 그 어느 것 하나도 그냥 잃어버리지 아니하심을 생각할 때마다 44℃는 떠오르는 향수의 기온이 되어 곁에 있어 준다.

14. 어린이들의 기도로 교회가 살다

천막교회가 세워진 것은 1988년 그러니깐 올림픽이 개최되던 해의 봄이었다(정확히는 4월 24일). 국가적으로 요란하고 자랑스럽기도 했지만 우리에게는 커다란 시련들이 많은 해이기도 했다.

부천에서도 무엇인가 한 두 종목쯤 예선이 있었던 것 같았는데 경기장으로부터 멀지 않았던 덕분에 더욱 그랬다. 주변의 어수선한 건물들은 매일같이 시련을 당해야만 했는데 그렇게 하면 잘사는 모습이 보여서인지, 나라의 잔치는 어려운 백성들의 고난으로 열매를 맺고 있어서 그 여파가 급기야는 우리에게도 미치고 있었던 것이다.

교회 앞에 트럭과 차가 멈추어 섰다.

차에서는 건장하고 힘상궂은 장정들이 우루루 내려서고 있었다.

그리고 목적물의 앞에서 우뚝 서 버렸다. 그날 오후의 예고 없는 목표물은 우리의 자랑스런 그 천막교회였었나 보다. 그들의 임무는 교회를 뜯고 부수는 것이었다.

언젠가 올 것이 왔구나 싶었는데 기왕이면 미리 이야기를 해주고라도 왔으면 다른 방안을 준비하였을 텐데 하는 마음이 들었지만 그들의 당당한 모습에는 아무 생각을 할 겨를이 없었고 손마다 들고 있는 무시무시한 무기들이 위압감을 더욱 안겨다 주기만 했다.

낫이며 망치, 해머, 곡괭이, 삽 등등… 그런데 잠간의 시간이 흐른 후 그 힘살이 돋아 있는 손들이 슬그머니 내려지기 시작하더니 멍청히 천막 안을 들여다보고만 있는 것이 아닌가!

어린아이들이 성전에 가득했고, 영문을 모르는 아이들과 마주친 것

이다. 개척 후 3개월쯤 되었었는데 아이들은 제법 모여서 육 칠십 명은 되었었던 것 같다.

마침 여름 성경학교 기간이어서 아이들은 더욱 불어있었던 때였다. 철거를 위하여 온 사람들도 험상궂어 보이기는 했지만 대부분 살림이 어렵고 가난한 사람들이었음에 틀림이 없었다.

철거를 위한 일꾼들로 그들이 동원되었고 활용되고 있었지만, 아마도 그들의 눈동자 속에는 자기의 자식들의 모습이 대뜸 떠올랐었는지도 모른다. 어찌하든 그들은 그 안을 정복하지는 못했다.

"일주일 내로 자진 철거하시오!"

머뭇 머뭇거리던 장정들이 한 마디 말을 남겨 놓고는 떠나버렸다.

그날로부터 어린아이들은 고학년을 중심으로 하여 밤이 맞도록 철야기도를 하였다. 누가 시킨 것도 아니고 교회의 사정을 얘기해 준 것도 아닌데, 참으로 눈물을 흘리며 기도들을 하였다.

부모님들이 찾아와도 어른스럽게 안심을 시키고는 성전에서 잠들을 청하곤 하였다.

"하나님! 우리 성화교회를 살려주세요. 우리는 갈 데가 없습니다. 교회가 뜯기지 않게 해 주세요. …"

무엇을 알고 하는 것인지는 모르지만 그 어린이들의 기도는 진지했고 진정 어른들을 감동시키기에 이르렀다.

그로부터 일년이 지날 때까지도 관청으로부터의 교회 철거의 이야기는 한 마디도 없었고 도리어 너무 밖으로 트여서 불안해했었는데 교회 옆을 끼고 저들은 예쁜 벽돌 담장을 아무 말 없이 쌓아 주었다.

우리 스스로가 더 넓고 원하는 아름다운 처소로 옮기어 갈 때까지도 그 햄머를 든 모습들은 보이지를 않았다.

15. 우리 집 아내의 날

오늘의 밥상은 어떨까.

혹시나 하면 역시나 이다. 그렇지 않아도 여러 날을 속이 거북한 상태에서 지내면서 기뻐해야 한다는 것은 여간 곤역이 아니다. 그러나 신혼 초부터 밥상 타령을 할 수도 없고…

나름대로 연구하고 그 동안 닦아온 실력을 발휘해서 올려오는 그 자체에 만족을 해야하는 것이 신랑들의 비극은 아닐런지. 반찬은 그만두고라도 밥의 형상을 면밀히 관찰해보면 삼층 정도만 되면 양호한 날이었다.

4층 5층 꼭대기 높은 줄 모르고 올라가는 희한한 밥은 아무리 신혼이라고는 하지만 그 밥에 길들여지기는 무리였다.

뱃속의 구조물이 특별하지 않고서야 견딜 재간이 없을 텐데 하면서 다른 방향으로 은근히 돌려서 아내 된 자에게 혹시 속이 괜찮으냐고 물어보면 시치미를 뚝 떼고 만다. 무어가 어떠냐는 식이다.

그것이 너무도 강해서 실상은 문제가 있음이 분명한데도 아무렇지도 않다는 표정이다. 무엇인가 개운치 않은 것 같으면서도 자기가 한 밥을 먹는 주제에 이러쿵저러쿵 할 수도 없고 은근히 자존심이 상하기 싫어서 일수도 있을 것 같았다.

그래도 인내심이 강한 나로서는 몇 날을 더 기다리며 진전을 기대해야만 하는 것이 가정의 평화를 위해서 좋겠다고 결론을 지었다. 그럼에도 어저께나 오늘이나 찬송가 가사처럼 동일할 것이고 아마도 내일도 그 삼층밥은 변함이 없을 것이었다.

하루는 밥에 물을 좀더 붓고 하면 어떠하겠느냐고 제안을 해 보았다. 그러나 대답은 간단했다. 많은 사람이 먹는 밥하고 둘이 먹는 밥하고는 밥짓는 방법이 다르기 때문에 어쩔 수 없는 것이라고 강변을 한다. 그러면 여러 명이 먹을 수 있는 분량을 해놓고 나누어서 먹으면 되지 않겠느냐고 제안을 했지만 'No' 이다.

신혼부터 찬밥을 줄 수는 없지 않느냐는 사랑스런 걱정(?) 때문이다. 아이구 맙소사! 이렇다면 평생을 설은 밥 먹고 다녀야 할 신세이니. 연애시절에 테스트를 해보고 완전히 고집을 꺾어 놓고, 김치는 말고라도 밥 짓는 그거 하나만이라도 확실히 해두는 것이었는데…

지금은 연애시절이 아니고 실전인 것을 아직도 모르는 철없는 아내(나의 아내는 제 눈에 안경이겠지만 아주 미녀여서 일찍이 데려왔음+나이 차이도 제법 있고, 그러나 이 부분의 말만 나오면 늘 송림동에서 제일 예뻤었다고 자랑이 대단해서 이야기의 중간부분을 늘 내가 잘라 먹곤 하였다. 어쨌든 미녀는 미녀다. 내 아내 예뻐서 손해 볼 것 없고 또 표지 모델로 나갈 정도였으니 하긴 그럴만도 하다)는 고집으로 밥을 밀어붙일 참이었으니 이러다간 한 손에 소화제를 늘 달고 다녀야 할 것 같아서 생각다 못해 내가 희생하는 방법(?)을 택해 보기로 했다.

매일같이 지어주는 밥을 먹고만 다니다보니 미안하기도 하고 사랑하는 마음으로 한 달에 한 번(처음엔 한 주일에 한번씩 했었음)은 특별히 '아내의 날' 로 하여 지내면 어떻겠느냐고 새로운 제안을 했다.

그게 무어냐고 하길래 그 날은 내가, 즉 남편인 신랑이 방 청소, 바깥 청소, 그리고 밥까지(한끼만) 지어주겠노라고 파격적인 제안을 하니 거절할 이유가 있겠는가. 사실은 내가 밥을 지어서 그 삼 층 밥에서 해방되길 원해서 하는 제안인 것을 눈치 못채게끔 하였다.

드디어 그날, 젊은 시절 그 때도 젊긴 젊었지만 더 젊었던 때 캠핑에서 배운 실력 및 군 졸병시절에 배운 온갖 것과 정성을 다하여 밥을 지어내었다. 결과는 대 성공!

그 푹 퍼진 연한 쌀밥! 그런데 웬 말,

"도대체 몇 인분의 밥을 한거예요!"

"2인분. 오직 Only 2인분!"

"네에?"

얼마 만에 먹어보는 밥 같은 밥이었던가. 여자로서의 자존심이 조금
은 상했겠지만 그때로부터 남편의 지도와 감독 그리고 훈계를 수용하
지 않을 수 없게 되었다.

'적게 한 밥이 왜 이렇게 되었지?'

그것이 아내의 대답이다. 지금도 쓸데없는 고집을 피울 때면 '내가
밥해 줄까?' 만 하면 해답을 얻곤 한다.

최근의 어느 통계 자료를 보니까 신혼 일년 사이에 다투는 것이 평생
의 절반 이상을 차지한다는 수치를 제공하고 있는 것을 본적이 있다.
신혼여행이 채 끝나기도 전에 이혼 서류를 가져오고 매년 증가되는 가
정 파괴의 증가는 크게 대단한 문제가 있어서라기보다는 단순하고 사
소한 치약전쟁 및 한 스푼 싸움 등이 진전하여 성격차이라는 변명을 들
고 이혼까지 진전되고 있는 것이다. 좀더 온유와 인내와 지혜를 요구하
는 이 시대라 하겠다.

**이러므로 사람이 부모를 떠나 그 아내와 합하여 그 둘이 한 육체가 될지니 이 비밀이
크도다 내가 그리스도와 교회에 대하여 말하노라 그러나 너희도 각각 자기의
아내 사랑하기를 자기같이 하고 아내도 그 남편을 경외하라 (엡5:31-33)**

16. 조의 알갱이 숫자가 몇 개?

목사님의 기도는 오늘도 풍성했다.

하나님 앞에 돌아와서 얼마 안 되던 시절이다. 식탁 앞에서나 혹은 적은 예물일지라도 그 위에 손을 얹고 축복을 빌어 주시는 목사님의 그 기도.

마음은 고마웠지만 내 마음속의 한 구석엔 어쩐지 받아들이기가 쑥스러운 내용으로 남는 것은 과장된 축복 기도가 아닌가 하는 생각 때문이었다.

우리가 세상을 살아가면서 어떤 것들이 일년 내에 갑절로만 성장을 해도 적은 것이 아닐진데 목사님은 최하가 30배로부터 시작을 해서 60배, 100배의 축복을 해 주시옵소서! 였다.

그나마 부족해서 간혹 어려운 형편이라도 알려지면 그때는 1000배, 10,000배로 복을 빌어 주신다. 목사님의 그 중심은 알지만 적당하게 욕심을 부려야지 그렇게 해서야 어떻게 응답을 받을 수가 있겠는가? 하는 믿음 없는 반문이 생기곤 했었다.

내가 목회자가 되고 목사님의 칭호를 받으면서 곧잘 그 때를 떠올리곤 하는 것은 나도 역시 동일한 그 기도를 하고 있고 그것을 조금도 부담 없이 그리고 더욱 확실히 그뿐만 아니라 그것을 믿어달라는 마음으로 실제의 이야기까지 섞어서 축복기도를 해주곤 하는 것이다.

30배, 60배, 100배의 말씀은 씨 뿌리는 비유에 나오는 성경 의 말씀이다(막4:8). 심지어 100배로부터 시작을 하기도 한다(마13:8). 그러나 더 큰 것은 보리떡 다섯 덩이와 물고기 두 마리로 오천 명을 먹이고도 12바구니가 남은 사건도 있다(요6:5-13).

언젠가는 한 알의 씨앗이 봄에 땅에 뿌려져서 가을에 곡식을 거둘 때에 얼마나 불어서 열매를 맺는가를 생각해보게 되었다. 이것은 세상에서 일어나는 실제적 열매 맺는 일이니 말이다.

그 중에서도 작은 알갱이로 꽤나 많아 보이는 '조',

그 숫자는 얼마나 될까? 교회에서 여전도회 헌신예배를 드리는데 그 날 꽃꽂이에 조가 꽂혀 있기에 마침 설교 내용과도 일치하여 그것을 여전도 회장과 그 부서의 회원들이 나누어서 직접 세어보라는 숙제를 주어보았다.

한 주일이 지나서야 세어온 숫자를 보니 자그마치 10,826개라고 써 있는 것이 아닌가!

그 숫자가 나오기 전에 '조의 알갱이 숫자가 몇 개나 되리라고 생각을 하는가?' 라고 물어보면 1000개, 2000개 또는 많이 생각해 주어서 3000여 개쯤으로 대답들을 하곤 하였다.

그런데 실제의 갯수는 그 보다 훨씬 많아서 일만 개도 넘는 것이었다. 그것도 보통의 것이었는데도 말이다. 하나님은 한 알의 씨앗이 한 해 사이에 일만 배 이상의 결실을 할 수 있는 실제적 상황을 나타내 주고 계신 것이었다. 이 얼마나 큰 축복인가!

천 배 만 배의 결실을 주시옵소서!

이는 결코 과장된 것이 아닌 것이다.

17. 개도 사랑하는 자를 아는데

오래간만에 어찌된 일인지 누이 집에서 전화가 걸려왔다. 평소에 연락이 없다가 갑자기 소식이 전해오면 좋은 소식일 것이라고 생각하기보다는 혹시 무슨 일이라도 생긴 것은 아닌가 하고 걱정이 앞서기 마련이다.

대학시절 지방에서 서울에 올라와서부터 근 6년간 밥 신세를 졌던 누님 집이긴 하지만 하나님의 부름을 받고부터는 무엇이 그리도 바쁜지 통 연락을 못해 오던 참이었는데…

특별한 일은 아니고 시골에서 아버지가 올라오셨으니 잠시 다녀갔으면 하는 바램이었다. 이젠 노년이 되셔서 이곳저곳을 다니시기가 불편하시니 얼굴도 볼 겸 다녀갔으면 하는 것이었다.

어느새 정릉의 풍치 좋은 곳에 집을 새로 지어 놓고 계셨었는데 그런

사정조차도 전혀 알지도 못하고 있었다. 마음이 바빠서인지 게을러서인지, 그 보다는 말 그대로 성의가 부족해서 일게다.

약도를 보며 이리저리 물어 찾아가 보니 새로 지은 그림 같은 집에는 아버지와 멀리에서 온 친척 몇 분이 와 계셨다.

여러 안부를 물으며 기쁘게 식사를 하는데 방안에서 기르는 자그마한 예쁘지도 아니한 개 한 마리가 아버지만 보면 사정없이 짖어대고 있었다(누님은 그것이 예쁘고 귀엽다고 안아주고 쓰다듬어 주고 난리를 피우고 있어서 못생긴 놈이 까분다고 할 형편이 아니었다).

별것도 아닌 것이 자극을 주고 신경이 쓰일 정도로 적극적으로 간섭을 해대니 아예 무시할 상황도 못되었다. 방에 넣어 두면 제법 영리해서 자신이 문을 열고 다시 나와서는 또 짖어대곤 하는 것이다.

'이 녀석 삼복 무서운 줄도 모르고 까분다'고 하니 그럴만한 이유가 있다고 한다.

어젯밤 아버지와 한방에서 잘 수 있는 특혜를 얻었던 이 강아지, 누님은 꼬박 이름을 불러댔지만 이름을 부를 만큼 귀엽지가 못해서인지 나는 계단을 내려오면서 이미 잊어버린 이름이 되어 버렸다.

늘 귀여움과 사랑을 받아오던 이 강아지가 아닌 밤중에 벼락을 맞은 것이다.

아버지는 젊으셨을 때나 지금이나 잠버릇이 곱지가 않으셨다. 그래서 어머니는 코고는 것은 둘째 치고라도 가까이에서 주무시는 것을 은근히 기피하고 계신 중이셨다. 아니나 다를까 수면 중에 이 개가 아버지의 발에 몇 차례 걷어차였던 모양이다. 그때마다 깨갱거리더니 새벽부터 깨어서 짖어대기 시작한 것이 온 종일 시끄럽게 굴어서 온 가족이 다 알게 돼 버리고 말았다.

주먹만한 미물도 자기를 사랑하는 자와 멸시하는 자를 아는데 하는 생각이 들었다. 인간의 다스림을 받는 어리숙한 짐승들도 밥 주는 주인을 철저하게 가리고 아닌 자를 구별하는데 그것들 위에 군림한다고 자부하는 인간은 어찌된 것인지…

소는 그 임자를 알고 나귀는 주인의 구유를 알건마는
이스라엘은 알지 못하고 나의 백성은 깨닫지 못하는도다 하셨도다(사1:3).

18. 성탄선물인 헬리콥터 차와 아이들

성숙해 가는 자매들일수록 몸 가꾸기에 한창이고, 또한 아주머니 티가 나지 않게 하려고 노력하는 것을 보게 된다.

그런데 주일학교에서 교사의 일로 봉사를 하는 자매들은 교회에만 나오면 그런 신선한 모양이 일그러져 버리니 말이 아니다.

교회에 아이들을 데려 올라치면 한 둘은 업고, 안고, 끌고 와야 했기 때문에 모든 일과를 마치고 돌아갈 즈음은 모양이 아예 엉망이 되곤 하

는 것이었다.

젊은 처녀시절 꽃다운 나이에 애 몇을 둔 아주머니의 형상을 하고는 땀을 흘려야하는 수고를 해야만 하기 때문이기도 하다.

어린 아이들과 총각, 처녀 선생님들이 마음을 모아서 기도를 한다.

"우리에게도 차를 보내 주세요! 누구누구 때문이라도 그게 있어야만 되겠습니다. 눈 올 때, 비올 때, 바람 불 때도 교회가 멀다 않고 기꺼이 올 수 있도록 기동력을 허락해 주세요!"

기도는 속히 응답이 되어서 성탄절 즈음에(1990년) 빨갛고 예쁜 9인 승의 승합차가 처음으로 허락이 되었다. 첫 시승식을 할 때에 일제히 외쳐대던 환희의 그 함성이 귓전에 가득해 온다.

모든 코스를 다 돌고 나서도 내리지 않는 꼬마들이 있어서 집이 어디냐고 물어보았더니 바로 교회 옆이 자기 집이라고 한다. 차안에서는 어찌나 떠들어대든지 음악을 크게 다 틀어 놓아도 잘 들리지가 않고 귀가 윙윙거리기까지 한다.

차를 어떤 모양으로 타고 갔던지 차내 천정에 발자국들이 가득하게 새겨져 있다. 뒤집어져서 간 것도 아닌데. 그러나 그 아이들의 자유로움과 기뻐하는 모습들이 그저 좋기만 하다.

그런 우리 교회의 차는 가끔씩 제 기분 따라 행동할 때도 있다. 누가 무어라 하든 간에 바쁘든 한가하든 상관없이 힘들면 쉬어가기도 하고, 기도하지 않고 타고 앉아 있으면 그 주제에 어떻게 알았는지 내려서 뒤에서 밀어달라고 보챌 때도 있다.

어느 땐가는 거리 한 복판에 차가 멈추어 서서 갈 생각을 않고 있을 때에 한 어린아이가 한 말이 기억에 생생하다.

"왜 목사님은 차안에 계시고 우리는 밖에서 밀어야 돼요? 날씨도 추운데…"

사실 나는 운전대를 잡고 있어야 했기에 앉아 있을 수밖에 없었던 것인데,

"너희가 떠들기만 하고 기도를 하지 않으니깐 그렇지!"

"솔직히 기도를 안 했어요. 눈만 몰래 감고 있었는데 어떻게 그걸 아셨어요? 다음엔 꼭 기도할 거예요."

한번은 언덕길을 오르는 중에 (보통 때는 언덕만 보이면 언덕을 제대로 오르지 못했기 때문에 빙빙 돌아서 갔었음)

이 놈의 차가 따따따따…(차에 대한 기술을 익히고 난 몇 년 후에 그때를 회상해보니 마후라가 터졌을 것으로 추정) 거리면서 얼마나 요란스럽게 소리를 내면서 연기를 뿜어대던지 뒤에서 오던 차가 코 밑 까지 붙어 오다가는 멀찌감치 떨어져 가는 모습이 보인다.

그러잖아도 초보운전에 언덕 중간에 멈추어 서면 어쩌나 하던 차에 부담 없게 해 주는 그 모습이 기가 막히게 기분을 홀가분하게 해주는 것이었다.

아이들이 요란하게 떠들어 델 때면 엔진은 질세라 더 큰 소리로(일명 헬리콥터 돌아가는 소리 – 그래서 차 이름도 헬리콥터 차가 돼버렸다.)를 내기도 한다. 그러나 그 고물 중고차는 우리들에게 힘이 되어 주었고 즐거움의 한 부분이 되어 주기도 하였다.

아마 세월이 흘러서 최고급의 대형 버스가 주어진다 해도 그 때의 그

기쁨을 따르지는 못할 것만 같다.

주여!

이 차량이 힘든 어린이들의 발이 되게 하여 주시고

병든 자들에게 지팡이가 되게 하여 주시며

심방 하는 곳에 발걸음이 되게 하여 주시고

무엇보다 기도하는 산에 땀과 눈물이 적시어지는

통로가 되게 하여 주옵소서!

이것이 우리들의 기도문이었다. 할렐루야!

19. 논쟁과 낭비

언젠가 독일의 어느 과학 잡지에 두 논문이 실렸었다. 한 목적을 가지고 하나는 A로써 설명이 되었고 다른 하나는 B로써 설명이 되었다. 서로가 옳다는 지상전이 계속 벌어지기 시작을 했다.

A편의 사람들과 B편의 사람들로 나누어져 가기 시작했다. 몇 달이 흘렀다. 일년도 채 되지 않았는데 결론은 A와 B 모두가 옳다는 것이었

다. 접근 방법과 사용 도구만이 달랐을 뿐.

빛에 대한 논란이 한창이던 때가 있었다. 빛이 '입자'라고 주장하는 쪽과 '파동'이라고 주장하는 쪽이 설전을 벌이기 시작을 한다.

둘 다 옳았다. 다만 접근 방법에 따라 차이점을 지니므로 부분적으로는 옳은 것들이다. 이것을 묶어서 한 이론으로 발표를 한 사람이 있었는데, 이로 말미암아 논란은 종지부를 찍게 되었고 그는 이 일로 인하여 그 후 노벨상 수상자가 되었다. 그가 바로 아인쉬타인이다.

백원 짜리 동전을 놓고 두 아이가 다투고 있었다.

한쪽은 할아버지 그림만 보고 자라서인지 할아버지 모습이 있어야 백원 짜리라고 주장을 한다. 다른 한쪽은 100이란 숫자만이 백원 짜리라고 주장을 하고 있다. 서로 미련하다고 호통들이 대단하다. 저들 중 누가 옳은가?

어느 선교사가 우리나라를 다녀가고 나서 들려준 말이 생각이 난다. 한국에서는 주님을 믿는 열심이 얼마나 대단한지 예수와 그리스도가 싸우고 있더라고 고백한 것을 들은 적이 있다.

우리는 어느 쪽에 서야 하겠는가? 할아버지가 보이는 백원이겠습니까? 100이란 숫자의 백원이겠습니까?

이방인들이 강성해 가는 이때에, 할 일들이 너무나도 많은 이 시대에, 함께 하나가 되어도 부족을 느낄 것만 같은 지금에……

죽으면 죽을지언정 예수편이지 그리스도 편은 아니시겠는가? 아니면 순교를 할지라도 그리스도 쪽이고 예수 쪽이 아니시겠는가?

주님!
이 시대의 우리 모두를 주님 말씀 안에서
하나 되게 하옵소서!

내게 주신 영광을 내가 저희에게 주었사오니 이는 우리가 하나가 된 것같이
저희도 하나가 되게 하려 함이니이다(요17:22)

20. 포도주 홀짝 홀짝사건

하나님의 부름을 받고 얼마 안 되었을 때이다.

가정적인 환경은 제쳐놓고라도 육신이 너무도 좋지가 않아서 버스를 타고 한 정류장을 가려고 해도 힘이 너무 들어서 차에서 내려서는 한참을 기도하고 다시 가야할 나약함에까지 이르렀다.

팔구십쯤 되는 노인네들이 어느 곳을 가려면 한참씩이나 숨을 몰아쉬고는 가고 또 쉬었다 가고 하는 것이 충분히 이해되었고 내가 나이는

젊었지만 어처구니없게도 그 모습이 되고 만 것이다.

집에서 교회까지의 거리가 이삼백 미터밖에 되지 않았지만, 그것도 몇 차례씩이나 쉬었다 가야하는 불편한 몸이 되고 말았다.

그렇다고 특정한 병이 있는 것도 아니었다. 그런 현상은 신학교에 입학해서도 계속되어서 공부를 할 때면 뒷편 문 옆에 늘 앉아 있곤 하였다. 이유는 앉아 있기가 너무 힘이 들면 밖으로 슬그머니 나와서 어느 곳에 누워 있든가, 어느 기도할 처소를 찾아서 기도를 해야만 약간씩 회복이 되곤 했었기 때문이다.

그런 형편없는 육신을 가지고도 교회를 일구어 갈 수 있는 축복을 주셔서 감당해 가고 있었는데, 하루는 우리 교회에 이따금씩 나오는 한 집사님이 특별히 식사 초대를 해 주신다.

식사야 별것은 아니지만 특별히 모시는 것이니 꼭 오시라고 몇 번씩이나 당부를 했다. 그러면서도 무엇인가 상담할 것이 있다고 운을 띄웠다.

약속된 날이 되어서 예배를 드린 후, 차를 마시는 중에 무엇인가 말을 할 듯 말듯하면서 망설이기에 주저하지 말고 대화의 문을 열자고 하였다.

"다름이 아니고 뭔가 이상해서요."

한참을 머뭇머뭇 망설이더니 하는 말이

"제가 어저께 전도사님 교회에서 기도를 하는데요오 …"

"그런데요? 무엇이든 편안한 마음으로 말씀하십시오."

약간 얼굴을 붉히면서 머리를 긁적거리더니,

"환상 중에 전도사님이 보이시더라고요?" 환상 중에라 또 무슨 말을 하려는고 하건지.

"전도사님이 조그만, 있잖아요 아주 쪼그만, 성찬식 때에 마시는 그런 쪼그만 잔으로 포도주를 홀짝 홀짝 마시고 계시더라구요. 그래서 깜짝 놀라서 깨었거든요. 그게 무엇을 뜻하는 건지…"

"글쎄요… 한 번 기도해 봅시다."

그 집을 나오면서 마음에 집히는 것이 있었다.

사실 내 자신은 하루 일과를 마치고 집에 머물라치면 표현하기 어려운 힘든 상황에 처하곤 하였던 때였다.

도대체가 쓰러질 것만 같은 이상한 피로감에 시달려야 했었고, 그로 인해 병원 등등을 찾으며 별의 별 약을 다 써보았지만 효과가 없을 뿐만이 아니라 어느 약이든지 먹고 나면 몸이 더욱 괴로워져서 그때마다 '하나님! 다시는 이런 약에 의존하지 않겠습니다' 하는 식의 기도가 되어지곤 하였었다.

당시의 나로서는 오직 기도에 의존하라는 하나님의 뜻으로 받아들이지 않고는 견딜 수 없었던 시절이다.

그런데 한 가지 까무라쳐 죽을 것만 같을 때에 곧잘 사용하던 것이 있었는데 그것은 바로 성찬용으로 담근 '포도주' 였다. 그것을 약간 마시고 나면 큰 효과를 기대는 못해도 다행히도 부작용만은 없는 듯 했다.

그래서 은밀히 저녁 늦게 힘들 때면 사용을 하곤 했었는데 그나마도 기도하시는 집사님의 이상 중에 붙들린 바가 되고 만 것이다.

하나님의 일은 은밀히도 감출 수 있는 것이 없는 모양이다. 그 후로는 심각하게 잘못을 뉘우치고 그것도 포기를 한 후 오직 기도에만 매어달린 적이 있었다.

누구를 통하여서도 간섭하시는 하나님. 어찌나 감사한지.

여호와여 주께서 나를 감찰하시고 아셨나이다
주께서 나의 앉고 일어섬을 아시며 멀리서도 나의 생각을 통촉하시오며
나의 길과 눕는 것을 감찰하시며 나의 모든 행위를 익히 아시오니
여호와여 내 혀의 말을 알지 못하시는 것이 하나도 없으시니이다(시139:1-4)

| 시 한편과 함께 |

눈물 자욱이던 때

21. 돈 없는 것도 축복(1) – 성경의 문이 열리다

22. 돈 없는 것도 축복(2) – 해외선교의 문이 열리다

23. 돈 없는 것도 축복(3) – 아들과 가까워지다

24. 돈 없는 것도 축복(4) – 책을 저술하게 되다

25. 주님의 참모습을 바라보라

26. 화장실에서의 고민

27. 체면이냐? 실속이냐?

28. 구멍 뚫린 화장실

29. 어느 쪽이 남자 화장실?

30. 화장실이 강아지 식당

눈물자욱이던 때

잊을 때가 많습니다
부스러진 한 쪼가리 빵을 놓고도
감사와 눈물의 기도가 있었던 때를
그래서
두개의 빵 중에 하나의 나눔을 잊었고
기억해도 주저합니다

잊을 때가 많습니다
황량한 광야 땅에서 발견한
한 컵의 흙 탕 물을 보고도 한자나 되도록
기뻐하던 때를
그래서
한 동이 물에도 불평불만이고
갈증을 하소연하는 자를 돌보지 않습니다

잊을 때가 많습니다
뚫린 양말 구멍에 손가락을 넣고도
동상 없이 지낸 한 겨울을 헤아렸던 때를
그래서
파리의 패션이 아니라서 시원찮고
맨발의 거지가 귀찮습니다

잊을 때가 많습니다
단 칸 방에 서너 식구 모여서
구석진 자리라도 있었던 것에 만족하던 때를
그래서
서너 칸 방중에 한 칸이 비어도
처마 밑의 거지는 떨고만 있습니다

잊을 때가 많습니다
단 한걸음에도 기도해야 호흡하는 연약함 속에
살아있는 것만도 감사 충만하던 때를
그래서
날고뛰어도 주님 일 잊었고
언제였냐 또 이겠냐합니다

주여 !
다시는 돌아갈 수 없는 길이 아님을
自覺하게 하소서
고작
한 걸음 사이의 뒷 편인 것을
알게 하소서
눈앞의 쪼각들이 번쩍일 적마다
눈물 자욱이던 때를
기억나게 하소서.

21. 돈 없는 것도 축복(1)
- 성경의 문이 열리다

신학교에 다니던 어느 해였던가.

세상은 살기가 좋아지고 국민소득은 나날이 높아진다고 소식들을 전하는데. 그래도 하루의 먹을 양식을 위하여 매어 달리고 몇 푼 안 되는 버스 토큰을 위하여 눈물을 흘려야하는 곳이 있는 곳을 보고 마음 아파했던 기억이 난다.

이리저리 흠집 내어진 모습이 되어 기어 다니는 인생으로 붙들린바 된 채로 기도하는 무리를 형성하고 있는 곳 – 신학교는 그런 삶의 과정에 대하여 쉽게 이해되고 동조할 수 있는 한 영역이기도 하다. 나에게도 예외는 아니어서 모든 것에서 적정한 것 같으면서도 어찌 보면 어렵고, 어려운 것 같으면서도 잘 보면 풍성해 있고 그런 모습으로 연출되어져 있었다.

한 학기는 요상하게도 교재들을 사서 볼 수 없는 형편으로 몰아넣어지고 있음이 피부에 와 닿았다. 하나님께서 기왕에 선지동산으로 불러주셨으면 그런 사소한 것쯤은 책임을 져주셔야지 이 나이에 이게 무엇이란 말인가.

일반대학 시절의 풍요로움이 떠올랐고 다른 것도 아니고 하나님의 일을 위하여 많은 것을 읽고 배우고 참고해야 하는 것은 당연한 것이 아니겠는가 말이다. 그런데 막상 책을 사는 것 조차에도 여유가 생기지를 않았다.

신앙에 대한 기초 지식도 없었기에 내게는 더욱 많은 서적들이 필요한 처지였는데도 말이다. 그렇다고 아주 젊은 나이도 아니어서 이곳저곳 구걸하다시피 하는 노릇을 할 수도 없고.

흔히 하는 얘기로 기도나 해보자. 그리고 생각해보자.

기도라는 것은 하나님과의 대화이기도 했지만 무엇이 안 될 때 곧잘 핑계거리로 등장하는 단어이기도 하였다.

그러나 어떤 모양으로 기도의 줄이 잡히든 하나님은 그 기도에 깊은 관심과 교통이 이루어지는 것만은 확실한 것을 체험하게 해 주신다.

책이 없어서 공부를 못하겠다는 것은 하나의 핑계이다. 하나님은 도서관에 가 보라였다. 쌓여있는 것들이 책이 아닌가.

그러나 나의 욕심은 내 손에 들어오는 것이 나의 책이고 습관이 안 된 도서관은 여전히 남의 것이었고 특별한 도움이 되는 것 같지가 않아 보였다. 그러나 주님이 원하시는 바는 네가 책이 없다 하지만 네 손을 항상 보아라 하시는 것이었다. 내 손에 있는 것이라고는 성경과 찬송밖에 없는데.

'바로 그것이다. 그것을 읽고 묵상하고 익혀라!'

부끄럽게도 가만히 보니 신학교에 다닌다고는 하면서 몇 번이나 성경을 읽었고 파묻혀 보았는가를 자문해보지 않을 수가 없게 된 것이다.

맨 처음 성경을 창세기부터 끝까지 읽었을 때는 가장 가까운 친구가 하도 전도를 하길래 귀찮아서 성경으로 반박하기 위해 정독을 한 적이 일반 학창시절에 있었다.

그 때는 공격을 하는 것이 목적이었으므로 이해되지 않는 곳마다 빨간 줄을 그어 그것을 가지고 따지고 덤벼 들므로써 전도 당함의 화살을 피하려고 하였을 때였다.

그래서 처음 읽어댔던 성경은 온통 빨간 줄 투성이다. 누가 보면 꽤나 많이 읽은 것처럼 보일런지 모르지만 사실은 그런게 아니다.

성경!

그것은 아예 핵심의 것이 되어 있음에도 그것은 부속물처럼 되어버리고 참고 서적들이 주인이 되어버릴 것만 같은 나에게 하나님은 방법을 제시하고 계셨던 것이다.

소유하고 있는 것이라고는 성경과 찬송밖에 없으니 어찌하랴. 그 해의 반년은 덕분에 성경 속에 파묻히는 축복을 누릴 수가 있었다.

성경의 문이 열리는 놀라운 역사의 체험과 비밀한 것들의 깨달음! 진정 달고 오묘한 말씀의 진수를 주님은 가르쳐 주시기를 원하셨던 것이다. 아무 것도 없어서 읽을 것이라고는 성경밖에 없어서.

이 얼마나 큰 축복이었던가!!

아무 것도 줄 수 없는 그 환경이 지나고 나서 뒤돌아보니 어찌나 고마왔든지. 그 때의 열리는 성경지식은 그 뒤 목회사역에 성경에의 자신감과 보화를 마음껏 캐어내는 자유함을 안겨주셨다.

아무것도 염려하지 말고 오직 모든 일에 기도와 간구로
너희 구할 것을 감사함으로 하나님께 아뢰라
그리하면 모든 지각에 뛰어난 하나님의 평강이 그리스도 예수 안에서
너희 마음과 생각을 지키시리라 (빌4:6-7)

22. 돈 없는 것도 축복(2)
- 해외선교의 문이 열리다

'불이 타므로 존재하는 것같이 교회는 선교를 하므로 존재한다'고 한 말이 기억나고 그 분이 어떤 분이든 이 내용엔 동감을 표한다.

그런데 문제가 생겼다. 교회의 모양새를 보니 선교라는 단어를 떠올리기 전에 선교를 흡족히 받아야만 할 형편이다. 어려움에서 극복의 이야기를 할 때 흔히 하는 말로 숟가락 하나 갖고 시작을 했는데 이만큼 되었다는 이야기들을 곧잘 한다.

그런데 우리는 실상 삽자루 하나를 가지고도 아니고 하나를 빌려서 시작을 하게 되었다. 그러니 재산을 셈한다는 것이 어리석은 일이 아닐 수 없었다.

초창기의 성도들의 구성이란 것은 더욱 가관이어서 빚에 몰려 도망이나 다닌다든가 주로 무력하여져서 무엇이라도 보태어 주지 않으면

안 되는 경우의 구성원이 많았다.

그런데도 선교를 하랴.

그래도 해야한다. 외부의 지원이라고는 최소의 물질로 한군데 교회로부터 왔었지만 그 쪽 교회에 목회자와 교회 간에 문제가 생기는 바람에 반년도 채 못 가서 일방적으로 중단되어져 버렸다.

재산을 불려 빨리 천막의 신세를 벗어날 것인가 아니면 배가 고파도 씨앗을 뿌릴 것인가.

후자를 선택하기로 하였다. 그러나 막상 선교를 한다 해도 대상이 얼른 떠오르지를 않았다. 어느 교회에 우리 형편을 들고 간들 받아나 주겠는가와 몇 푼의 것들이 그 누군가에게는 별로 도움도 되지 않으면서 우리에게는 벅차다는데 일치감을 주었다.

가끔씩 시간 되는대로 양로원이나 유사기관들을 찾아 다녔지만 속이

차지를 않았다.

그러던 중 열리게 된 것이 해외선교였다. 보통 해외 선교하면 부담이 되고 큰 교회가 아니면 할 수 없는 것으로 오해들을 하고 있는 것 같다.

그러나 아이러니컬하게도 우리가 해외로 눈을 돌린 것은 우리가 가진 것이 없었기 때문이다.

어찌 보면 역설처럼 들릴런지 몰라도 이는 사실이고 진실이다. 물론 해외에 직접 선교사를 파송하여 선교사들을 힘차게 후원한다는 것은 쉽지가 않음에 동의를 표한다. 그래서 별로 가진 것도 없는 우리로서는 해외의 원주민들을 바라보게 된 것이다.

아프리카에 강권적으로 단기 선교를 다녀온 후 깨달은 것이 있었다.

1991년에 처음 아프리카의 적도 땅을 밟게 되었는데, 당시 그곳 교회에서 봉사하는 전도사의 사례비를 보니 미화로 계산하여 약 10달러를 받고 있다고 하였다.

당시 한화로 1달러에 700원 정도 였었기 때문에 10달러래야 7,000원 정도여서 그리 큰 부담이 되지 않았고 그렇다면 우리도 할 수 있지 않은가 하는 마음으로 불이 붙기 시작 한 것이다.

그 액수로 아이가 둘이 딸린 가정을 이끌고 생활을 해가고 있는 것이었다. 한국에서라면 어림도 없는 일이었고 당시의 한국인들 간에는 기본 선교비는 보통 오 만원 정도에서 시작을 하고 있었다. 그 액수로는 한국의 한 가정의 살림에 근접하지도 못하는 어림도 없는 금액이었다. 그렇기에 여러 곳에 의존해야 하고 해외의 한인 선교사도 비슷한 상황이다. 그래서 얻은 지혜가 우리의 형편이 안 되니 원주민 선교에 눈을 돌리게 되었다. 이는 부담이 적어서이고, 그리고 가진 것이 없어서이기도 하다.

해외 선교의 문은 그렇게 해서 열리기 시작했고 적지만 준다는 마음으로 교회가 이끌리어 가다보니 그에 적정하도록 재정도 채워지고 그로부터는 물질로 하여금 불필요한 어려움을 겪은 기억이 나질 않는다.

해외선교의 문이 열린 것은 전적으로 우리가 가난했기 때문이었고 그를 바라보았기 때문이며 이로 말미암은 하나님의 축복으로 믿는다.

이는 더욱 많은 곳을 연결할 수 있도록 해주셨으며 오대양 육대주에 네트웍을 연결하는데 아주 쉬운 방법을 제시해 주시는 길로 인도되었다.

초기부터 돈이 많았다면 내 배를 먼저 채우려고 노력을 했을 테고 밖을 바라보지도 못했을 것만 같다. 우리에겐 돈 없는 것이 얼마나 복이 었는지 모른다.

그 후로는 교회의 성도들과 함께 매년 선교지를 시찰하며 견문을 넓히고, 찬양할 수 있도록 해주시고 있다.

구하라 그러면 너희에게 주실 것이요 찾으라 그러면 찾을 것이요
문을 두드리라 그러면 너희에게 열릴 것이니 구하는 이마다 얻을 것이요
찾는 이가 찾을 것이요 두드리는 이에게 열릴 것이니라 (마7:7-8)

헬라인이나 야만이나 지혜 있는 자나 어리석은 자에게 다 내가 빚진 자라(롬1:14)

23. 돈 없는 것도 축복(3)
- 아들과 가까워지다

목회의 생활은 없어도 항상 쓸 만큼은 있고, 풍족히 남는 것 같아도 쓰고 나면 쥐어지는 것이 없는 것이 아닌가 한다.

그러는 중에 약간씩 목말라하는 정도에 이르는 경우도 종종 생긴다. 예상외의 사람들을 만나든가 생활이 어려운 자들을 더욱 많이 만나는 달에는 그럴 수밖에 없는 상태로 유도되는 것이다.

아들 하나가 외롭게 자라고 있는데 다행인 것은 공부를 제법 잘하고 있어서 녀석의 학업에 대해서는 거의 무관심하게 되었고 그것이 여러 해 지나자 습관처럼 되어 버렸다.

그러다 보니 혹간에라도 학업에 대하여 이것저것 궁금한 것을 물어 올라치면 괜스레 귀찮기도 하고 피로가 겹쳐있을 때에는 적지 아니 짜증거리가 되기도 하였다.

저학년에서 고학년으로 올라가다 보니 혼자 하는 공부가 가끔은 힘이 든 것이었는데 매 달마다 상을 타오는 실력을 보아온 터라 늘 모든 것을 혼자 해결할 것을 요구하고는 관심 밖으로 밀어내곤 하였다.

이것이 아내의 눈에 거슬렸던지 학원에 보내겠다고 한다. 남들은 몇 개씩도 보내는데 학업을 위해 한 군데도 보내지 않는 것이 감사하지 않느냐는 것이다.

그런데도 아빠한데 질문을 해오면 자상하게 대답을 하지는 않고 마냥 형식적이어 보이니 아름다워 보일 리가 없었던 것이다.

아내가 주변의 학원들을 돌아보고는 하는 말이 학원비가 너무 비싸서 어찌할까 망설이고 있다한다.

학원을 다녀야 특별히 잘하게 되는 것은 아니겠지만 너도나도 다니니 간접적 위협감과 아들에 대한 미안한 마음이 겹쳐서 일 것이다.

무조건 내어 보내기도 그렇고 우리나라의 그런류의 교육비를 일반인들처럼 지출할 처지도 안돼 보였다.

무리를 한다면 몰라도 말이다. 은근히 제의하는 것은 아빠가 지도를 해주면 어떻겠느냐 하는 것이다.

과거에 과외공부를 시키고 학원에서 아르바이트를 했느니 어쨌느니 자랑만 하지 말고 내 아들에 대해서도 관심 좀 가지라는 핀잔이다.

학창시절에 강남에서 우수학생들만 모아놓고 가르치거나 일반 입시학원에서 강의하는 것으로 아르바이트를 몇 해 동안 한 기억이 새로웠다. 남들을 위해서는 그렇게 적극적이었으면서 정작 친아들에 대해서는 교육적으로 한 것이 무엇이냐고 공격이다.

우리에겐 큰 여유가 없었다. 가게 살림에 대해 무관심한 자신이라도 그냥 짐작이 간다. 게다가 지출되는 것은 어찌나 많은지 자칫하면 불필요한 짜증을 불러올 것만 같았다.

바쁘다는 핑계로 네가 혼자 할 수 있지 않느냐는 부담을 주며 빠져나

갔던 아들과의 공부가 할 수 없이 시작되게 되었다. 누구보다도 명 강의를 할 수 있는 아빠인데…

아들과 가까운 것 같으면서도 은근히 멀어질 수밖에 없었던 상황에서 접붙인 바가 되었다.

가까이에서 바라볼 수 있게 된 아들.

벌써 이렇게 성장했나 새삼스럽게 느껴져 왔다. 쑥스러워하고 어색해 하는 아들과 학업의 만남은 그 벽을 헐 수 있도록 해주었고 그 시간마다 차려오는 아내의 서비스는 다양했고 아름답기만 해져갔다.

돈이 좀더 많았더라면 아들의 몫은 알지도 못하는 학원 선생이었을 텐데. 돈 없는 축복은 아들과 친교를 이루게 함으로 가정의 느낌을 잔잔하게 흐르는 평화의 길로 안내해 주고 있었다.

24. 돈 없는 것도 축복(4)
- 책을 저술하게 되다

년 말 쯤 예산을 편성할 때면 아예 먼저 말을 하지 못하게 하곤 하는 것이 있었다. 목사님의 사례비 항목이다.

"내가 필요하면 필요한 만큼 올려놓을 테니 이번에도 그대로 동결합시다."

교회의 재정이 부족해서는 아니다. 괜스레 불필요한 풍족으로 하여 교만해지거나 주님 원치 않는 방향에서 허탄해질까 봐서 이기도 하고 식물을 키우면서 배운 바도 있기 때문이었다.

그런데 그것도 어느 정도이지 세상의 인플레 등 세상 물정에 익숙하지 않은 목회를 하다보니 삼 년간의 사례비를 동결하게 되었는데 이는 살림을 가물게 했던 모양이다.

세상살이를 할 때와 하나님의 부름을 받고 나서 달라진 것이 많지만 그 중의 하나는 주머니 관리이다.

과거에는 주머니에 돈이 풍족하지 않으면 사람 만나는 것에서 자유롭지 못했던 것을 기억한다. 그러나 목회를 하면서부터는 집안에든 주머니에든 돈이 머물러 있으면 늘 불안하여서 어떤 방법으로든 소모하곤 하였다.

쓸 돈은 없는 것이 좋은 것 같고 베풀 돈은 많은 것이 좋아 보이기도 하였다.

그러나 저러나 얼마 안 되는 사례비가 아내에게 들어가면 아예 꿩 구어 먹은 식으로 한 푼도 나올 줄을 모른다. 그렇다고 내가 만든 일이니 이러쿵저러쿵 할 수도 없고, 한번 나가면 한 짐씩 들고 들어와야 하는 책방도 드나들기가 그렇고 하여 집안에 몇 날을 머물며 곰곰이 생각한 것이 지금까지 강의한 것들을 한번 정리나 해보면 어떨까하는 것이었다.

그렇지 않아도 여기저기 메모 쪽지가 나돌고 이 노트 저 노트에 이것저것 적혀있어서 산만하던 차인데 잘 됐구나 싶었다.

나돌아 다닐 발걸음이 묶인 것은 컴퓨터 앞에 머무는 습관을 들이게 되었고 졸작들을 집필하는 계기가 되어서 한해동안은 네 권의 서적까지 쓸 수 있는 공간을 확보하게 된 것이었다.

줄 돈이 주머니에 항상 가득했더라면 매일같이 누구를 만날까나 궁리했을 텐데…

어느 목사님이 어렵던 시절, 먹을 것이 없어서 하루 이틀씩 굶어가던 것이 가만히 세어보니 한달 여를 넘기고 있길래 내킨 김에 십 여 일을 채워서 40일 금식을 쉽게 했던 경험이 있다고 고백을 하시던 말씀이 생각난다.

25. 주님의 참모습을 바라보라

한번은 시장에 가서 이십 세가 좀 넘었을까하는 자매에게 무의식중에 "아주머니!"하면서 무엇을 부탁했더니 쳐다보지도 않고 모르는 체하면서 자기 일만 하는 것을 보았다.

사람이라곤 자기 혼자 밖에 없었지만 그곳에 '아주머니'는 없다는 투이다.

언젠가는 삼십이 훨씬 넘어 보이는 여자 분에게 "아가씨!"라고 부르면서 무엇을 요구했더니 얼굴빛이 싱글벙글하면서 괜스레 청하지도 않았던 것까지 알려 주느라 부산을 떨어 대던 모습이 떠오른다.

누구나 특히 여자 분들에게 있어서 나이보다 젊게 보아주면 아닌 줄 알면서도(?) 즐거워하는 것은 사람의 심정이 아닌가 싶다.

또 그렇게 되기 위하여 새벽부터 밤늦게까지 찍어 바르고 문지르고 두들기고 야단법석들 일게다.

어느 때인가 나환자촌에서 봉사하시던 부부 선교사님의 아들이(나중에 목사님이 되심) 어머니에 대하여 쓴 글을 보고 감명을 받은 적이 있다.

자기의 어머니는 거울이 없이 사신 분이었다는 것을 기록하고 있었다. 처음에는 이해를 못했지만 그냥 넘어가기가 마음에 걸려서 여쭈어 보니 거칠어진 모습과 항상 나이보다도 앞질러가고 있으리라 보여지는 볼품없을 모습 때문이었다고 고백을 한다.

그 보다는 함께 있는 모습 없는 환자들이 더욱 불쌍히 여겨졌기 때문이었을 것이다.

그럼에도 그분은 90세가 넘도록 장수를 하고 계셨다.

오늘도 예수님의 모습을 다시금 바라본다. 많은 사람들이 보았던 그 분을 말이다. 그 분은 삼십대 전반부에서 육신적 삶을 마무리하고 계신다. 유대인들이 그분을 바라볼 때의 시야가 새삼스럽게 와 닿는다.

"네가 아직 오십도 못 되었는데 아브라함을 보았느냐(요8:57)"

물론 이 앞뒤의 구절은 예수님께서 아브라함보다 선재해 계셨던 것을 가르치고 계신 것이고 그에 대하여 유대인들이 비아냥거리는 장면이기도 하다. 그러나 많은 이들이 나이보다 훨씬 많게 오십을 들먹이고 있는 것을 보면 그분의 모습이 어땠을까를 짐작하게 해주는 것이다.

많은 사람들에게 육신의 예수님의 모습이 어떠했을까를 물어보면 대부분이 아름다운 성화의 한 장면을 떠올리며 가장 아름다운 마음의 미남을 밖으로 표출시키고 있다. 성경에 깊숙이 들어가기보다는 이미 시야에 널려있는 그림들이 그분의 본래 모습보다 앞질러 가리우고 있는 것이다.

그러나 실제의 그분의 얼굴 모습과 외형은 이사야서를 통하여 너무도 생생하게 묘사하고 있음을 발견하기를 희망해 본다.

당시의 바리새인들이 예수 그리스도의 고난의 사역을 발견하지 못하고 있어서 그의 고난을 이해하지 못했던 것처럼 이 시대가 그분의 그 모습에 대하여 외식하는 마음으로 왜곡하고 있는 것은 아닌지.

"이왕에는 그 얼굴이 타인보다 상하였고 그 모양이 인생보다 상하였으므로
무리가 그를 보고 놀랐거니와(사52:14)

"그는 주 앞에 자라나기를 연한 순 같고 마른 땅에서 나온 줄기 같아서
고운 모양도 없고 풍채도 없은즉 우리의 보기에 흠모할만한 아름다운 것이 없도다.
그는 싫어 버린바 되었으며 간고를 많이 겪었으며 질고를 아는 자라
마치 사람들에게 얼굴을 가리우고 보지 않음을 받는 자 같아서 멸시를 당하였고
우리도 그를 귀히 여기지 아니하였도다(사53:2-3)"

외식하기를 좋아하는 우리 인간들. 그 분의 참 모습을 바라보기를 기도해 본다. 이 모습이 누구를 위하여 인가? 여기서 우리는 뼈아픈 사랑을 경험해야 할 것이 아닌가!

26. 화장실에서의 고민

일행 중 한 분이 쓰러졌다.

낮에 고작해야 삼십 분 정도 햇볕을 쪼인 것에 불과 하였는데 일사병 증세를 보인다.

어젯밤은 한 숨도 잘 수가 없었다 한다. 호흡이 내쉬기는 하는데 들이마시지를 못한다. 이미 우리는 오지의 지역에 들어서서 있었기에 적어도 7-8시간은 달려 나가야 도회지의 병원으로 갈 수 있을 것 같았고, 그곳에서도 신통치 않으면 유럽으로 즉시 날아가지 않으면 안 될 예감을 받고 있었다.

선교지의 숙소에서 8시간쯤 쉴 틈 없이 달려서야 한 도시에 도착 할 수 있었다.

일단 이름난 가장 큰 병원을 찾게 되었는데 우리나라처럼 사람들이 북적거리는 것이 아니라 한산하기 그지없었다. 이제 아무 걱정하지 말라고 깜둥이 선교사님은 말씀 하셨다.

그 말이 고맙기는 했지만 그런 말이 있은 후에는 대체적으로 문제가 발생했던 것을 경험했던 우리들로서는 긴장하지 않을 수가 없었다.

"이곳은 세계에서 가장 훌륭한 닥터들이 있으니 아무 걱정하시지 않아도 됩니다. 아마 세계에서 제일 실력 있는 병원일 겁니다."

아프리카의 우림 지역에 그것도 수도도 아닌 이 지역에 세계에서 제일인 병원이 있다는 것은 들어 본적도 없었는데, 그들의 특성중의 하나는 좀 허풍이 대단하다는 것을 나중에야 알았다.

그러면 왜 선교사들이 다치고 위급할 때마다 유럽에까지 날아가야 하는 고통을 당해야 한다는 말인가?

그것은 여지없이 들어가자마자 발각될 언어들에 불과함이 드러났다.

그 유명하고 훌륭한 병원이란 곳에는 전화조차 한 대도 없어서 전체적 공간이 꽤 넓은 곳을 이리 뛰고 저리 뛰어야하는 수고를 덧입고 있었던 것이다.

병원의 영역이 큰 것은 나라의 땅이 넓은 덕택일 테고 사람들이 없는 것은 환자가 없어서가 아니라 그 나라의 수준에 비해 비용이 턱없이 비싸기 때문이었다.

우리가 두 시간 진료 후 링겔 하나 맞는 두어 시간 반정도 머문 의료

비가 한화 삼 만원 정도가 나왔는데 우리로서는 별것이 아닌 것 같지만 한달 생활비가 일 만원에도 못 미치는 그들에게는 상상하기도 어려운 병원비임에는 틀림이 없는 것이다.

이삼 분이면 진료 상담이 끝나는 우리나라와는 대조적으로 적어도 실신해 가는 환자를 앉혀놓고 눕혀놓고 굴리면서 한 시간 가량의 상담이 이루어져야 했다. 의사나 환자나 통역해 주는 이 몸이나 모두가 지쳐버려서 항공시간만 맞는다면 빨리 빠져 나왔으면 하는 심경이었다.

그 장시간의 상담과는 어울리지 않을 정도로 식염수 주사를 맞고 휴식하는 것으로 그 병원의 진료과정의 끝을 보고 있었으니 말이다.

환자가 휴식을 취하는 동안 지친 몸을 이끌고 잠시 화장실에 들르게 되었는데 …

한참을 볼일을 보고 있는데 고민거리가 퍼뜩 떠올랐다. 앗차 하는 실수의 생각은 바로 발 앞에 놓여 있는 주전자를 보는 순간에 떠오르는 것이었다.

처음에는 화장실에 웬 주전자가 있는가 가만히 생각하는 중에 그 안에 물이 담겨 있는 것을 발견하게 되었고 좌우를 둘러보아도 화장지가 뵈질 않는다.

주머니를 아무리 뒤적거려 보아도 그날따라 빈 털털이이다. 그렇다고 소리를 질러 동역자들을 불러 모으기에는 거리가 너무 멀고. 쭈그리고 앉아있는 동안 내내 저 주전자의 물을 어떻게 사용해야 하는 가에 고민을 집중해야만 하였다.

저들에 대해 불평을 하기 전에 미리 화장지나 준비나 했어야 하는 것
인데.

27. 체면이냐? 실속이냐?

　문화 습관의 이질성은 간혹 우리들을 당황하게 할 때가 많다.

　특히 체면을 지켜야 하는 연령에 속하여 있을 때와 그 지위라는 것이
더욱 당황하게 만들곤 하는 것이다. 어린아이들 이라면야 급하면 아무
데라도 화장실로 사용할 수가 있겠지만 어른으로서는 어림도 없는 일
이 아닌가.

　선교 사역지로 나온 지역은 일반 마을보다는 크고 읍보다는 작은 정
도의 규모를 지닌 지역이었다. 그런데 이곳에서 급한 일들이 벌어지게
된 것이다.

　잘 맞지 않는 음식에다가 갈아 마신 물 등으로 인해 속이 거북하고 배
설에 늘 불안을 느끼고 있는 것은 일행들의 공통된 일거리가 돼버렸다.

　금강산도 식후경이라 하지만 더 급한 것은 배설의 문제가 아닌가 싶
다. 화장실 갈 때 마음 올 때 마음 다르다는 표현을 보면 잘 나타내 주
고 있지 않은가!

처음에는 여유 있게 화장실을 찾아 나서기 시작을 하였다. 거리에 앉아 있는 그 지역 사람들은 화장실이라는 그 단어가 무엇인지를 잘 알아듣지를 못했다.

우리 영어가 서툴러서인가?

아니다. 그와 똑같은 언어로 여러 번 효과를 본 타국에서의 경험을 보면 잘못된 것도 아니다. 이들이 영어를 못 알아들어서일 수도 있다.

영국의 지배를 받았었기는 하지만 도회지의 지식층이 아니면 잘 통하지를 않고 또 자기들 방식의 지역화 된 영어가 방해를 하고 있을 수도 있는 것일 것이다.

그러나 그것도 옳지가 않았다. 이곳저곳 이 사람 저 사람 모두가 신기한 듯이 바라보며 고개를 흔든다.

그러면서 그들의 손가락은 숲 속을 가리키고 있는 것이었다. 심지어는 관공서 또는 은행에 들어가 물어도 모른다. 처음에는 의젓해 있던 연로하신 목사님들의 인내심에 한계가 오는 것 같았다.

"빨리 좀 알아보지 뭐해!"

"빨리 그것도 아주 빨리 알아보고 있는 중입니다. 저도 마냥 급하거든요"

빨리 빨리는 쇼핑이나 음식점에서 뿐 아니라 여기에서도 적용이 되는가 보다. 그러나 결과는 낙담하지 않을 수가 없었다. 인간에게 있어서 먹는 것과 배설하는 것은 기본인데 이곳의 배설물 시설은 전무한데 놀라지 않을 수가 없었다.

"죄송합니다. 저곳이 화장실이랍니다."

"저기에 뭐가 있다고 그래? 아무것도 없는데."

"아무것도 없는 곳이 화장실입니다."

"뭐야?"

처음에는 난색을 표하며 끝까지 참아보리라 하셨겠지만 급한 분부터
어기적거리며 숲 속을 향하자 하나 둘씩 눈치를 보면서 뛰어들기 시작
을 했다. 그 뒷모습이 어찌나 우습든지.

"사진 콘테스트에 뒷모습이 잡혔습니다!"

외쳐대는 소리에

"나는 아냐. 제발 빼 달라고."

그 후부터는 제 삼국 선교지를 향할 때마다 이동식 화장실을 필히 들
고 다니게 되었다. 특히 여성들의 곤란을 해결해 주기 위해서 필수품이
라는 것을 상기해 주었으면 한다.

그것은 바로 〈커다란 보자기〉 인데 그것보다 더욱 가볍고 좋고 요긴
하게 사용할 수 있는 이동식 화장실은 아직까지 발견하지를 못했다.

28. 구멍 뚫린 화장실

우리의 숙소는 과거에 병원으로 사용하던 장소였다.

그러니 일반인들이 사는 집과는 비교가 되지 않을 만큼 훌륭한 편에

속했다. 그러나 병원이 오래전에 철수하여 빈집으로 있어서인지 많은 곳이 허물어져 있었고 기본시설들은 되어있으나 사용상에는 대부분이 문제를 안고 있는 곳이었다. 그래도 오지에서 그보다 나은 것을 기대한다는 것은 무리이고 저들처럼 맨땅에서 잠을 자지 않는 것만으로도 감사해야 했다.

어느 분이 멋모르고 소변을 볼 수 있는 시설에 볼일을 보았는데 물이 없었기 때문에 방치된 상태로 있었다.

뒤를 따라 동일한 일에 동참하려고 했다가 기절할 마음이 되어서 뒤로 물러나야만 했다.

그것은 변기 주변에 흰개미들이 모여들기를 시작하는데 그 내부는 우글거리는 숫자가 잔뜩 겁을 먹게 해주기 때문이었다.

말로만 듣던 저 셀 수조차 없는 수많은 흰개미들.

그렇게 떼 지어 삽시간에 모여들 줄은 생각도 못했기 때문이다.

배변을 할 수 있는 화장실을 물어 찾았다. 손가락으로 가리키는 오두막집 같은 것이 있어서 들어갔다가 도로 나왔다.

아무 것도 없는데 잘못 찾았나해서 다시 물으니 또 그곳을 가리켜 준다. 조심스레 들어가 보니 변기나 그런 류가 보이지를 않는다. 그저 침침한 곳에 시멘트를 칠해 놓은 바닥 같았다.

잠자는 집을 소개받은 것이 아닌가하여 다시 나왔다. 원주민들의 숙소보다 오히려 깨끗해서 이상했고 아무 것도 없는 것도 이상했다.

다시 물으니 손을 잡고 들어가 준다.

가만히 안을 둘러보니 한 가운데쯤에 지름이 10센티쯤 되어 보이는 뻥 뚫린 구멍이 하나 있는 것이 아닌가. 그것을 손가락으로 가리키고는 슬그머니 나가 준다.

'거기서 볼일을 본다?'

앉아서 소변을 볼 수도 없고 서서 골인시킨다는 것도 여간의 실력이 아니고서는 불가능해 보였다.

그러니 혼자 생각에 그곳은 대변을 위한 전용 칸처럼 보였다. 쭈그려 앉아 고민에 잠겨보니 숙달된 실력이 아니고서는 역시 골인시킬 수 없 다는 체험을 해야 했다.

어쨌든 아프리카의 그 지역 사람들은 대단한 사람들이라는 생각이 들었다. 그러나 방금 전 흰개미들을 보아온 나로서는 그런 모양이 아니 면 저것들을 막아낼 재간이 없어 보였다. 불편함 속에서도 나름대로 살 아가는 독특한 지혜를 바라보며 휴식을 취하니 견딜 만도 하였다.

29. 어느 쪽이 남자 화장실?

새벽 일찍 네덜란드를 출발한 우리의 일행은 어찌나 쉬지 않고 부지 런히 달렸는지 이제 벨기에를 통과하여 프랑스의 국경을 넘고 있었다.

오전이 얼마 남지 않았음에도 새벽부터 내리 깔리기 시작한 안개는 프랑스 땅으로 들어올수록 더욱 짙어만 가고 있었다. 얼마 동안이나 서로가 참았는지 국경을 통과하자마자 서로 간에 말이 없었어도 어디로 제일 먼저 가야할 것인가를 알고 있었다.

하루 밥 세끼 먹고 볼일 보는 것은 공통이니까 여기에도 휴게실과 함께 화장실이 있으리라는 믿음 속에서 모두가 허리를 움켜쥐고 달려갔다.

그런데, 문이 양쪽으로 나 있는 화장실 문에는 글씨가 적혀있는 것이 아니고 그림이 그려져 있는데 그 그림이 남자인지 여자인지를 구분하기가 쉽지를 않았다.

영어로의 표기도 없고 자존심 강한 프랑스어의 표기도 없고 그저 그림인데 예술적 가치를 한결 발휘하고 있어서 진정 이들 만의 독특한 약속이 있거나 그것을 해득하지 않는 한 남녀의 구분이 도시 어렵기만 했다.

그저 같아만 보였는데 급한 김에 한쪽만을 바라보고 엉겁결에 몇몇 분이 한곳으로 쉽게 들어가고 있었다.웬걸?

"노옹! 농! 노오!"

"와아! 어머!"

후다닥거리는 소리와 함께 난리가 나버린 것이다.

덩치 큰 아주머니가 손을 흔들어 대며 문까지 쫓아내고 있었고 엉겁결에 들어갔던 몇 분이 허리춤을 붙잡은 채 밀물에 떠밀려 오듯 밀려오고 있었다. 그 바람이 어찌나 쎄었던지 부근에 정체해 있던 안개가 휙휙 거리며 파고를 일어 댄다.

"왜들 그러는지 모르겠네? 여기가 남자 화장실 아냐?"

그림을 한참 보면서 하는 말

“이 그림이 도대체 남자야 여자야?”

“그래도 이쪽에 오시면 여자는 없습니다. 이곳으로 오세요.”

“원 참 알 수 없구면.”

백발이 성성한 목사님께서 머리를 긁적거리며 멋쩍어 하신다.

예술의 도시로 향하는 발걸음은 그렇게 요란을 떨며 시작이 되어야 했다.

30. 화장실이 강아지의 식당

안티폴로에서 팍상한으로 가는 길은 여러 차례 반복을 하여보아도 결코 지루함을 가져다주지는 않았다.

어느 지점쯤에서는 한 번 쉬고 얼마쯤 더 가면 코코넛 하나쯤은 먹고 가야 하지 않겠는가, 예전의 그 집은 지금도 그대로 있는가를 생각할 정도로 낯익은 길이기도 하다.

그러나 1997년의 2월은 또 다른 것을 발견해 내는 개가를 올릴 수 있는 호기가 주어졌다. 훌륭한 코코넛 농장에 찬사를 보내면서 길목에 즐비한 노점의 한 곳을 택하여 이것저것 열대 과일의 맛을 음미하고 가기로 하고는 잠시 쉬기로 하였다.

이전 같았으면 남자들의 편리함을 따라 큰 나무 기둥 삼아 멀찌감치 시원함을 만끽하였을 텐데. 이번 일정에서는 나이 드신 여집사님들도 계시고 하여서 좀 점잖을 빼야 되는 상황이었다.

화장실을 남의 집 가게를 통하여 찾아 갔다 오던 여집사님들의 얼굴이 편안해 보이지를 않는다.

나 역시 동일한 볼일이 있기에 물었더니

"그러면 저쪽으로 가시면 돼요."하고는 어렵게 방향을 제시해 준다. 과일은 이 집에서 사먹고 볼일은 다른 집에서 본다는 것이 어쩐지 미안하고 쑥스럽기는 했지만 처음에 짚었던 집에는 화장실이 없다하니(?) 어쩔 수 없는 것이 아닌가. 그렇다고 철부지들과 다닐 때처럼 은근히 사라졌다가 슬며시 나타날 수도 없고.

지시한 곳을 따라서 가보아도 아무 것도 없어서 슬그머니 다시 나올 수밖에 없었다. 그런데 다시 물어보아도 역시 그곳이었다. 절반쯤 가리워진 것 외에는 아무 것도 없고 푸석푸석한 흙만이 놓여있는 평평한 곳! 그곳이 화장실이라 한다.

소변만 보는 곳이라는 것인지. 아니면 큰 것도 보는 곳인지. 다시 슬그머니 나와서는 선교사님에게 물으니 그곳이 양쪽 다 보는 화장실이 맞는 다고 한다.

멀쩡한 평지에 앉아서 일을 본다는 것도 어색했겠지만, 다행히도 그 날은 작은 일뿐이어서 고민을 덜어주고 있긴 했다.

머리를 긁적거리면서 나오는 모습을 보고 선교사님이 한바탕 웃어댄다.

"여기서는 큰 것은 개들이 금방 따라와서 먹어버리거든요. 하하하"
'그래서 저 놈들이 끈질기게도 슬금슬금 따라다녔던 것인가!
세상에 내 엉덩이가 저 놈들의 식당이라니'

| 시 한 편과 함께 |

지날수록

31. 바쁠 것 없는 진정한 안부인사

32. 니하우마? 한마디만 했더라도

33. 몰래먹은 수박이 배탈 나게 할 줄이야

34. 특등 칸을 주신 하나님

35. 우상숭배자들의 그 열심

36. 쌍년 엄마, 쌍놈 아빠

37. 개미 코끼리

38. 영어가 안 통하면 한국말로 하면 ok!

39. 서툰 영어보다는 한국어가 더 잘 통하더라

40. 없는 비행기를 타고 선교를 가나요?

지날수록

아무 것도 아니어 보이게 하소서
그러나
닦을수록 빛이 나는 자이게 하소서
캐볼수록 깊이 있는 자이게 하소서
흔들수록 심지 있는 자이게 하소서
머물수록 있고 싶은 자이게 하소서

한 눈에 반하지 않게 하소서

그러나

겪을수록 정이 있는 자이게 하소서

맡을수록 향이 있는 자이게 하소서

배울수록 實이 있는 자이게 하소서

흐를수록 보고 싶은 자이게 하소서

그래서

보면 볼수록 매력 있는 자이게 하소서

31. 바쁠 것 없는 진정한 안부인사

느긋함에 대해서 어지간히 연단이 된 목사님이라 하여도 또 다시 플러스 알파의 기다림을 요구하는 사건들이 생겼다.

선교사 피터슨목사님의 특별한 배려로 빅토리아 호수 - 케냐, 우간다, 탄자니아 3개국에 걸쳐있는 호수 - 에서 멀지 않은 키시 근처에 있는 그분의 고향집을 방문할 수 있는 특혜를 누릴 수 있게 되었다.

짧은 일정 중에 일부를 할애하여서 1박 2일로 다녀와야 했는데 도로 사정이 엉망인데다 차는 30분 정도 가고나면 점검을 해야 하는 요란한 것이어서 여간 부지런을 떨지 않으면 안 되는 상황이었고, 마음을 조급하게 하는 일정이었다.

그러나 우리를 안내하는 저들은 항상 "걱정할 것 없습니다."였다. 차에서 연기가 모락모락 나고 있어서 체크 한번 해보았으면 하고 권해도 연일 "괜찮습니다. 걱정할 것 없습니다. 우리가 알아서 합니다"였다.

차에 대해서는 이미 모든 것을 통달한 것처럼 이야기를 하지만, 그 실력은 금방 들통이 나고 만다.

차가 다운이 되어서 밑바닥에 수시로 기어 들어가면서도 "No problem"이다.

그럼에도 웃음을 잃지 않는 것만은 배울만하여 보였다. 몇 시간을 가는 동안 몇 번이나 쉬고 밀고 당기고를 하였던고. 이제는 떠날 때마다

엔진 오일을 체크하라 냉각수를 체크하라 그리고 밧데리며 팬벨트며
어깨 넘어로라도 보조가 되어주지 않으면 안 되었다.

　괜찮다는 말은 좋지만 그러면 꽁무니에서 밀게 하지는 말아야 하지
않느냐 말이다.

　그렇게 해서 나이로비를 떠나 대여섯 시간쯤은 달려간 후였다. 선교
사님의 고향에 가까워져서인지 그분의 고향분들 혹은 그분에게 있어서
낯익은 분들을 간간이 소개하고 인사를 시켜주곤 한다.

　얼마쯤을 더 가서는 고향에 이르기 전의 마지막 자그마한 시장에 잠
시 들러 가기로 하였다. 오랜만에 들르는 것 같아서 선물도 사고 필요
한 것들도 보충할 겸 출출해진 뱃속도 채우기 위해서였다.

　그런데 왜 그리도 아는 분들이 많은지.

시골의 형편이 그러려니 하는 것은 이해를 하겠는데 조금만 더 친절하면 아예 손을 잡고 그 집에 들어가서는 그 동안에 있었던 온통의 일들을 설명 들어야 했고 껄껄거리며 그저 기뻐해 주어야 하는 것도 여간 고민거리가 아니다.

저녁은 다가오고 때 아닌 때에 하늘이 검어지며 비구름을 쏟아내기 직전인데도 급할 것이 없어 보였다. 실질적인 일을 보는 것보다도 인사하기에 바빴고 그로 인해 보내는 시간이 더 많은 것만 같았다.

"안녕하세요? 다들 평안하시지요? 감사합니다."하는 식으로 손을 흔들고 헤어지는 것이 아니다. 어찌나 반갑게 만나는지 잡은 손은 놓을 줄을 모르고 집안의 온갖 소식을 다 전하고 받아야하고 또 우리를 소개해야 하는데 걸리는 시간이 만만찮았다.

본인들의 현재의 소식 및 지난날들의 소식 그리고 한참동안 서로 걱정해 주며 얼굴들을 일그러뜨리며 관심을 갖다가 또 다시 기쁜 일들로 전환을 한 후 집안 어른들 소식이며 자식들 이야기 ― 첫째, 둘째, 셋째… 자녀는 보통 일곱 이상 ―키우는 짐승 이야기에다 농삿거리까지 훑어가야 하는 것은 장로님께서 창세기에서부터 세계 일주하시는 기도만큼이나 들어주는 인내에다 알파를 플러스해야만 하는 것이었다.

처음에는 아주 매우 가까운 사람들만 그러는 줄을 알았는데 나중에 알고 보니 안면식만 있어도 그렇게 절친하게 인사를 주고받는 것이었고 상대의 사정에 대하여 함께 희로애락을 함께 느껴 주어야하니 우리의 생활 상식으로는 잘 이해가 되질 않는 것들이었다.

온통 아는 사람들 범벅 속에 작은 시장을 떠난 후에도 황토 흙 길을 달리며 도로에 걸어가는 사람을 만나면 소리치고 반가워하고 한참을 쉬었다가 가야만 하는 아프리카의 한 모퉁이는 진정 바쁠 것이 없는 또 다른 느긋한 일면들이었다.

초기에는 멋모르고 있다가 그 다음에는 그러려니 했다가 마음이 바빠지기도 했지만 진정 상대를 걱정해주고 기쁨을 나눌 줄 아는 가난한 그들의 삶의 한 모습이 한편으로는 부럽기까지 하였다.

걱정할 것 없다. 자동차의 엔진에서 연기가 또 다시 올라오고 차가 크르렁 거리며 멈추어 서도 걱정할 것이 없었다.

어두움이 내리 깔려도 집에 도착만 하면 되는 선교사와 우리 일행이기 때문이다. 어차피 도착에 대한 약속된 시간은 없었으니까 말이다.

32. 니 하우 마? 한마디만 했더라도

북경에서 마중을 나온 박자매님은 용모도 깔끔하고 아리따울 뿐 아니라 조선족으로는 드물게 고급의 학식을 소유한 인재중의 인재였다.

그래서인지 한국의 최고의 대기업 그룹 고문의 양딸로 그 집에서 함께 지낼 수 있는 특권을 누리고 있었다.

동북 삼성에서 선교의 일정을 마치고 30여 시간의 열차 여행으로 피곤해 있는 우리 일행을 역 안에까지 들어와서 마중을 하여 주었고 헌신적으로 봉사를 해 주었다.

북경역을 나오자마자 역에 즐비하게 누워있는 사람들이 하도 많아서 무엇 하는 사람들이냐고 물었더니 걸인 또는 다음 열차를 위하여 기다리는 사람들이라고 하면서 그 현실을 부끄러워한다.

북경에서의 일정은 일박 이일 밖에 남지 않았기 때문에 대표적인 곳 몇몇 군데만 기억에 남기기를 원했다. 그 자매가 안내를 하면서 가장 싫어하고 중국의 현실에 대하여 몇 차례나 부끄럽고 미안하다고 하는 것이 있었는데 그것은 다름이 아닌 외국인에 대하여는 세배 이상의 값을 요구하는 사실 때문이었다.

나중에는 안 되겠던지 이화원에서 배를 탈 때에는 일방적으로 중국인 표 값으로 단체할인까지 받아오고는 약간의 모험을 해보자고 한다. 배를 타러 들어갈 때 외국인 티를 내지 말고 침묵하고 입장하기로 하였다.

한국말로 떠들어대면 들통이 날 테니 입을 여는 사람에게는 벌칙을 주기로 하였다. 그런데 요행히도 잘 통과되어서 재미있게 구경을 할 수 있었다.

여기에서의 경험을 살려서 좀더 요금이 비싼 자금성에서도 적용을 해보고 싶었던 모양이다.

괜스레 쓸데없는 짓해서 피곤해지지 말자고 돈을 모두 주어버렸지만 아가씨 고집도 대단해서 그런 제도 자체가 잘못된 것이니 굳이 따라야 할 이유가 없다고 하면서 동족을 사랑하는 애정으로 감싸주었다.

들켜도 아무 것도 아니니 걱정을 말라한다.

그런데!

뒤에서 한참을 떠들어대다 입장을 하던 앞 팀의 박집사님이 뒤로 슬며시 물려 나온다. 무슨 일이냐고 물으니 아무리 보아도 중국인이 아니니 외국인 표로 바꾸어 오라는 것이었다.

그 자매님도 보통이 아니어서 우리는 동북에서 온 중국인들이라고 열심히 설명을 하는 것 같았지만 설득이 되는 것 같지가 않아 보였다.

씽긋이 웃으며 후퇴를 한다. 그러면서 잠시 기다리라 하더니 절반숫자만을 외국인 표로 사왔다. 그리고는 일부는 외국인으로 담대하게 일부는 조선족이 되어서 빵빠레를 울리듯 보무도 당당하게 입장을 하려는데 이, 얼, 싼, 쓰… 다섯이 통과되면서 조선족이라고 소개한 숫자부터는 스톱을 시켜버리고 만다.

그리고는 하는 말이 '니 하우마?'

한국에서 수 없이 배워간 말들이다. 그에 대한 답변으로 '니 하우마?' 만 하면서 손을 흔들고 씽긋이 웃으며 입장만 하면 되었을 것을, 빵빵대던 청년들이 아무 말도 못하자 아예 중국말을 할 줄 아는가 하는 테스트에 걸려버리고 말았다.

제돈 다 내고 실지 어학연습을 한 후 "니 하우마?"한들 무슨 소용이 있겠는가!

입장료를 다 지불한 후에는 그렇게도 잘하는 입술들이 검표소 앞에만 서면 왜 입에 꿀 먹은 벙어리들이 되는 것이여.

33. 몰래먹은 수박이 배탈나게 할 줄이야

선교사님이 몰고 다니는 차는 어렵게 구한 만큼 타고 다니는 사람들을 곤혹스럽게 하곤 했다.

한국에서 보는 1톤 트럭쯤 되는 크기의 트럭 뒤편을 개조해서 사람이 탈 수 있도록 만든 명품으로 필리핀에서는 흔히 볼 수 있는 교통수단이었다. 한국에서는 이미 벌써 단종이 되어버린 것인데 어떻게 구했는지 애국한다는 열심으로 세레스를 구하여 선교용으로 사용하고 계셨다.

지금은 필리핀의 어느 곳을 가도 한국산 자동차들이 즐비하게 다니고 있지만 1990년대 초반만 하여도 마닐라의 그 많은 차량들 가운데서 낯익은 한국산을 발견한다는 것은 가뭄에 콩 나는 격으로 신기하고 반가운 시절이었다.

겉모양은 색칠을 해서 그럴싸했지만 엔진의 수명이나 군데군데 녹슨 모양은 벌써 갈 곳이 어디인가를 짐작케 해주는 고물이었다.

그럼에도 하나님 나라의 확장을 위해서 한 도구가 되어준 가운데 충성을 다하는 차량이기도 하였다.

앞을 바라보고 앉도록 되어있는 것이 아니라 서로 마주보며 전철 의자식으로 앉아 있으면서 울퉁불퉁한 길을 달릴 때면 뒤편에서는 탄성이 터져 나오곤 한다.

"아이쿠! 엉덩이야. 사람 살려!"

게다가 따스해 오기 시작하는 일기는 정원도 없이 초만원으로 태운 그 좁은 공간을 찜통으로 만들기에 조금도 부족함이 없었다.

그러니 매일같이 밤새도록 정수하여 받아오는 물은 어깨가 눌러 붙도록 공급을 해주어도 부족해 보이기만 하였다. 선교의 이동 중에 지치지 않도록 하기 위하여 과일들을 항상 풍성히 실은 채로 다녔다. 그러나 음료수는 부족할 수도 있기 때문에 절제하고 통제를 하였다.

게다가 특히 음료수를 대신할 수 있는 것들은 특히 제한하여 공정하게 분배하기로 약속을 한 채 일정은 진행되었다.

그런데, 그것을 성경 말씀처럼 굳세게 지킬 일행만으로 가득 찬 것은 아니라는 것을 안다. 한 곳에 도착하여 과일들을 분배하는 중에 수박이란 것이 숨바꼭질하듯 찾아도 나오지를 않았다.

아무리 찾아도 모두가 작당을 한양 아예 모른 채 하는 것이었다. 분명히 있어야 하는 것인데 시치미들을 뚝 떼고 있으니 어쩌랴.

그런데 은밀한 중에 행한 그 자그마한 사건이 곧 귀국한 후에 들통이 나고야 말았다. 돌아온 후 바로 몇몇이 설사 및 열병이 나기 시작 한 것이다. 그런데 그 설사병이 얼마나 심했던지 다른 일을 전혀 할 수 없을 정도로 심각한 것이어서 숨길 수조차 없게 되어 버렸다.

그것도 일행 모두에게 탈이 났으면 몰라도 연약한 자매들이나 동행했던 어린이들은 멀쩡한데 덩치가 좋고 든든한 형제들을 중심으로 몇몇만이 난리를 치고 있는 것이었다.

할 수 없이 고백하기를

"그때 너무 더워서 몰래 깨어 먹었더니, 죄송합니다."

가만히 보니 연약한 무리들에게는 그저 바나나 다른 것을 주고 저 희끼리만 주먹으로 내리쳐서 신이 나게 쪼개어 먹은 결과가 나타난 것이었다.

자매님들이 하는 말

"그때 한쪽만 달라고 사정해도 그렇게 안 주더니 에구 말똥싸다. 싸. 화장실이나 또 갔다 오셔. 누구누구 누구. 멜 롱"

34. 특등 칸을 주신 하나님

덜 깨어있는 나라들에서의 법은 엉망이다.

법은 관리들의 손에서 항상 놀아나고 있어서 법을 외쳐대는 것은 시간 낭비일 뿐이다. 일단 국내 공항을 벗어나면 국제사회의 이해관계 속에 놓이는 것을 작든 크든 어떤 일에서든지 일찍이 깨닫는 것이 중요하다고 본다.

특히 미개국으로 갈수록 국가 아니 저들은 개인적 이득을 취하기 위하여 희한하게 스스로 개발한 방법을 다 동원하기도 한다.

단체의 티켓은 저렴하기 때문에 항공사의 입장은 재확인이 되었든 아니 되었든 고액권의 손님이 찾아오면 단체객의 일부를 탈락시키고 새로운 고액의 손님을 받으려는 것이 어쩌면 당연 한지도 모르겠다. 그냥 물러서면 그렇게 당하고 만다. 알지도 못하는 저들의 이익을 위하여 희생을 당해야 하는 것이다.

물론 선교적이라면야 얼마든지 좋겠지만 아무 것도 아닌 일에서야 당할 아무런 이유도 없고 하나님의 든든한 백성들이 이용당해서야 또한 되겠는가.

스물 한 명의 일행 중 한 자매의 티켓에 브레이크가 걸리고 말았다. 이유도 불명확하게 그냥 한 명만 남으라고 한다.

어젯밤 철야기도 모임에서 딱 한사람 졸며 자며 하던 이가 있었는데 그 사람 – 바로 그 자매의 것만이 신비롭게도 브레이크 걸려 버린 것이다.

어쨋거나 이건 우리의 속사정이고 우리는 저들의 말처럼 그렇게 할 수 있는 여건이 되지를 않았다. 강력하게 항의를 하기로 하였다. 그러나 그런 것을 한두 번 당한 저들도 아닐 테니 이런 때는 기지가 필요했다.

무조건 항의를 하면 그들은 귀찮다는 듯이 사라져 버려서 탑승하지 못하는 우리만 손해를 볼 수도 있는 것이다.

보딩 패스를 받지 못한 김 자매는 슬픔에 있고 한 무리는 공항의 모퉁이를 찾아서 손을 잡고 기도하고 있는 모습이 보였다.

이제 할 일은 내 쪽에 남아 있었다. 단원들이 어찌 생각을 하든 모두 함께 가든가 함께 남아있기를 마음으로 묶어 놓았다.

그러면서도 일단은 짐을 모두 부치라고 하였다. 그래야 싸움이 될 테니 말이다. 짐을 부치고는 한사람도 나가지 않도록 하였다.

이제 "우리는 꼭 함께 가야만 하는 것과 함께 가지 않으면 모두 가지 않겠노라"고 항의를 하기 시작하였다.

처음에는 별것도 아닐 것처럼 생각했던 공항의 관계자가 점점 고위 관리 쪽으로 만날 수 있도록 해 주었다.

이들의 생태를 잘 아는 터여서 물러서고 싶지가 않았다. 우리보고 빨리 나가라고 했지만 모두는 나가지를 않고 버티었다. 출발 시간이 임박하자 모든 것을 Closed시켜 버린다.

그러면 출국하지 않겠는가 생각하였겠지만 어림도 없는 소리이다. 이제는 당신들이 마음대로 한 것처럼 우리도 출국하지 않을 테니 우리의 모든 짐들을 다시 내려 달라고 하였다. 이미 부쳐진 짐을 내린다는 것은 어떤 결과를 초래한다는 것을 그들이 더 잘 알고 있을 것이다.

하나하나를 찾아서 내린다는 것은 많은 시간이 소요되어도 실상 쉽지 않을 뿐더러 거의 불가능한 일이다. 여러 여행 경험에서 얻은 것은 충분히 납득이 가는 경우들에서는 서로의 협상으로 물러설 수도 있어야 한다고 본다.

천재지변이나 우리의 특별한 불찰 등 많은 경우를 들 수 있겠지만 적지 않은 경우에서는 항공사들이 자신들의 조그마한 이득을 챙기기 위하여 희생을 턱없이 강요하는 경우도 은근히 있는 것이다.

이런 때는 양보해야할 아무런 이유가 없는 것이다. 그런 경우는 손님들이 어떻게 나오느냐에 따라 그들의 처신이 달라진다. 손님들이 무지하고 무능해 보이면 그들은 일방적으로 처리해버리고 마는 못된 습관들로 길들여져 있다. 그러나 우리는 아니지요. 다를까. 안되겠다 싶었던지 조금만 기다려 보라 한다.

그것도 언어도 행동도 갑자기 달라져 가면서.

연일 Please! Please!이다.

시간이 얼마쯤 흘렀을까. 출발을 몇 분 정도 남겨놓고는 새로운 티켓을 내게로 보내온다. 김 자매의 것이 안 되었으니 그것으로 바꾸어 달라해도 리더인 나의 것으로 계속 강조를 하는 것이었다.

아무데나 함께 갈 수만 있게 되면 되는 것이니 상관은 없다. 뒤에 가져온 것을 보니 그것은 나의 비행기 탑승 사상 처음 앉아 볼 수 있는 기회를 주는 그런 자리의 것이었다. 그러면서 씽긋이 웃는다.

기내에서 가장 훌륭한 특등 칸의 그 자리.

그 자리를 위해서 실갱이를 하게 했단 말인가. 하기사 선교 여행에서 이코노미 클래스 이상의 것을 기대하기는 어려운 것이다. 좀더 절약을 해서 선교비로 쓰여지기를 소망해서이다. 그런데 한 푼도 더 들이지를 않고 이런 자리를 얻게 되다니.

그 때의 사건을 통하여 배운 바도 많았다. 일차적으로는 모든 멤버가 하나가 되게 하는 마음의 실제적 훈련과 어려운 위기에서의 각자의 마음의 흐름을 읽을 수 있도록 해주셨고. 화해시키시는 하나님, 그리고 기도에 게으를 때 적용하시는 하나님의 타켓트.

그리고 공항과 항공사의 특성 등등.

그러면서도 선교에서의 짐을 덜어주시며 하늘에서의 상급 이전에 이 세상에서도 일일이 상태를 헤아리시며 큰 기쁨을 주시는 하나님을 발견하게 해 주신 것이다.

실로 고국을 떠날 때부터 실갱이를 한 것들이 많아서 심신이 지칠 대로 지쳐있는 터였다. 아마도 동일한 공간의 좁은 처소에서 함께 탑승했더라면 E.D(출입국) 카드로부터 대필해줄 것들이 몰려오기 시작했을 텐데.

그럴 기력도 없었다. 어린 아들도 동승해 있었지만 스스로 배우고 헤쳐나가는 법을 가르쳐주고 싶었다.

고급의 좌석은 역시 특혜가 많아서 어여쁜 담당 승무원이 몇씩이나 달라붙었고 - 아마도 저들은 정부의 무슨 권력자라도 되는 것으로 잘못 알았을 게다. 그런 자리에 앉았으니 말이다 - 그 누구도 면회를 허락해 주지를 않고 제지해 주어서 간섭 없이 푹 쉴 수 있는 혜택을 오랜만에 누릴 수가 있었다.

실은 하나님의 특사니 더하면 더했지 못할 것도 없지만…

낱낱이 주문 받는 기내의 서비스는 남은 피로를 덜어내는데 충분하였으니 안 되는 것 같았던 몇 분전의 일은 전화위복이 되어서 돌아오게 된 것이다.

무엇인가 안 풀리면 반드시 더 좋은 것이 기다리고 있다는 믿음을 가지라고 선교단원들에게 늘 강조를 해오고 있던 참이었는데.오늘도 그것은 적중하고 있었다.

35. 우상 숭배자들의 그 열심

검은 대륙에서 한국까지 오는 동남아 노선은 여러 차례에 걸쳐서 항공기를 갈아타거나 기다려야하는 불편을 감수해야만 한다.

유럽노선을 택하여 다니다가 조금 절약도 하고 새로운 길로 인하여 지루함을 덜어보자 한 것이 뉴델리, 방콕, 타이뻬이, 홍콩을 거치는 수고로 몇 갑절의 지루함을 견디는 훈련을 해야만 했다.

인도의 뉴델리에서 방콕으로 오는 중에는 꽤나 많은 시간을 한밤에 공항 Transit Hall에서 대기하며 시간을 보내야만 했다. 세계 각처의 사람들이 모이는 곳에는 볼거리도 심심찮게 생기곤 하여서 눈 붙일 시간을 빼앗아가곤 했다.

한 모퉁이에서 자기네 나라에서 가져온 악기인양 연일 두들겨 대는 사람이 있는가하면 한 모퉁이도 아닌 통로 한 가운데에 자리를 펴고 아예 잠을 청하는 배짱 좋은 사람들, 한사람이라도 더 사귀어 보려고 애쓰는 양 아무나 보면 치근덕거리는 무리들, 그저 가지각색이었다.

그런데 우리가 앉아 있는 바로 앞에서 한 나이 먹은 남자가 큰 보자기를 점잖게 꺼내더니 무엇인가를 하려고 하는 것이 보였다.

잠자리를 마련하는 것도 아닌데. 정성스레 짐 꾸러미에서 커다란 보자기를 꺼내더니 한참을 두리번 두리번거린다. 방향을 잡고 있는 것이었다.

그리고는 길게 펴낸 보자기 위에서 정성스레 무릎을 꿇더니 정성을 다하여 연이어 절을 해대는 것이 아닌가.

그것도 많은 사람이 오가는 통로에서 말이다.

그는 이슬람 신자였다. 인도는 힌두교의 국가라고 들었는데. 종교로 말미암아 갈라진 나라가 아닌가. 그런데 그곳에서 자신의 신앙을 지키기 위하여 저런 열심을 품는 것을 보니 선교의 발걸음으로 움직이는 우리의 마음을 찔러온다.

비록 저 사람이 이방인이기는 하지만 가히 그 열심에 대해서는 생각해 볼 여지를 제공해 주고 있는 것이었다.

생명 없는 이방 신앙인들의 열심은 진정한 그리스도인들이라도 가히 따라가기 힘든 구석들을 보여주는데 주저하지를 않았다. 결국 자신과 함께 수많은 영혼들을 사망으로 인도하는 길목에 있는 저들은 과거의 흔적들에서 놀라운 유산들을 만들어 놓았다.

바위산들을 개미처럼 파고 들어가 수도의 자리로 만들어 놓은 인도 곳곳의 흔적은 무엇을 말해 주고 있는가.

눈으로 그냥 훑어보기에도 수많은 세월들을 소모해야만 할 것 같은 그 장대한 작품들에 배어 있는 열심이란, 멸망을 향하여 달음질하는 저들도 저러한데 하는 것을 바라보노라면 우리가 어떻게 하여야 할 것을 다시 한 번 마음을 가다듬게 했다.

너무나도 광대한 축복을 받은 우리는 왜 이리도 게을러져 있는 것인지. 복에 겨운 타령 속에 흘러가는 세월을 어떻게 하여야 아름다운 하나님의 작품들을 유산으로 물려줄 수 있을까를 다시금 생각하게 해 주었다.

36. 쌍년 엄마, 쌍년 아빠

미국에서 안정적인 목회를 하는 유 목사님의 말.

아내는 교회를 나오는데 남편은 교회에 나오지 않는 한 가정이 있었는데 하루는 그 가정을 심방 하게 되었다.

아내는 교회의 집사이고 남편은 휴일만 되면 사막으로 뱀을 잡으러 다닌다고 하였다. 주로 큰 뱀들을 잡으러 나가서인지 쌍권총을 갖고 나간다 한다. 무슨 서부 영화 배우 크린트 이스트 우드나 되는 것처럼 폼을 잡고는.

문을 두드리니 그 집사님의 아들이 마중을 나왔다.

이 아이는 교포 2세 이면서도 한국어를 거의 못하는 아이였다. 부모가 워낙 바빠서인지 무관심해서인지 한국어는 도통 못하는 아이로 자라고 있었던 것이다.

"교회에서 온 목사님인데, 혹시 엄마 계시니?"

"그 쌍년? 지금 샤워하고 있어."

"너 지금 뭐라고 했니?"

"맘, 쌍년, 샤워하고 있다."

한국말을 하는가 해서 여간 기쁜 것이 아닐 것만 같은 순간 머릿속이 혼란해져 버리고 만 것이다. 잠시 후 그 어머니가 무슨 일인가 하여 나왔다.

"집사님, 아들이 지금 뭐라고 했는지 아세요?"

물기가 마르지도 않은 머리를 털어 대며 흔들어 댄다.

"맘, 쌍년 지금 샤워하고 있어 라고 하는데 이게 어찌 된 겁니까?"

얼굴이 빨개지면서 대뜸 한다는 말이.

"목사님, 글쎄 그 쌍놈이 나를 부를 때마다 쌍년, 쌍년하니까 그게 나를 부르는 이름인줄 알았나 봐요."

어쩔 줄 몰라 하는 목사님이 입을 열기도 전에 하는 말.

"그 쌍놈! 들어오기만 해봐라. 그냥 놔두나."

아이도 한 몫 거두는데

"쌍놈 파파, 오늘 뱀 많이 잡았대?"

37. 개미 코끼리

아이만 보면 장난을 잘하는 집사님이 계셨다.

아이들을 놀래주고 달래주기도 하고 어머니들에게 깜짝 놀랄 사건도 잘 벌려 놓는 그런 분이시다.

한 번은 말을 막 배워 가는 어린아이가 오더니,

"코끼리 간다. 코끼리 간다!"고 소리를 지르고 있었다.

코끼리는 무슨 코끼리. 무슨 그림책을 보고 그러는 것이 아닌가하여 보니 연일

"코끼리 간다. 코끼리 간다!"고 외쳐대고 있었다.

"어디에 코끼리가 가니?"했더니 손을 잡고 끌며 간 곳이

"저기. 저기"

"아무 것도 안 보이는데?"

"아니, 저거."

허리를 꾸부리며 가리키고 있는 것을 보니 개미가 기어가고 있는 것이 아닌가.

"저건 코끼리가 아니고 '개미' 란다."

"아니예요! 코끼리예요!"

"코끼리는 이렇게 큰 것이 코끼리고 그건 개미라고 하는 거야. 알았니?"

“아니예요. 코끼리예요. 집사님이 그랬어요.”

“이리 좀 와봐라.”

벽에 붙은 그림을 보여주며

“이거 보이지? 이게 코끼리야.”

“아닌데. 그건 개민데”

언제까지도 그 꼬마는 개미만 기어가면 “코끼리 간다!”하고 외쳐대고 있었다.

38. 영어가 안 통하면 한국말로 하면 ok!

말로만 듣던 유럽의 그 짙은 안개 속을 새벽부터 뚫고 달려서 벨기에를 넘어서 프랑스에 접어들었다.

‘파리는 안개에 젖어’ 라는 유행가가 왜 탄생되게 되었는지를 실감하도록 벌써부터 자욱한 안개가 일행들을 영접한다.

국경을 넘어서자 얼마 안 된 곳에서 잠시 휴식을 취하고 달리기로 하였다. 짙은 안개를 헤치고 달리는 피곤도 달랠 겸해서이다. 마침 휴게소에는 카드를 파는 기념품점도 있어서 잘됐구나 싶었다.

긴 여정 중 고국의 집에 소식도 전하지 못했는데 속히 엽서라도 띄워놓고 가면 우리 남편 최고는 아니더라도 꼬집힘 당할 일은 없을 것이니 말이다.

안개를 몰고 상점에 들어갔을 때엔 물건이며 상점의 아가씨며 그림들이 온통 프랑스풍인 것 같은 새로운 느낌이 들어서 바깥의 답답함과는 달리 신선해 보인다.

가볍게 목례로 인사를 한 후 엽서 중에서 에펠탑이 있는 것과 몇 개를 고른 후 옆에 있는 점원에게 말을 건넸다.

"Excuse me." 그런데 대답이 없다.

"Hello, Excuse me."

역시 그저 자기 일만하고 있는 것이다.

"I wanna buy a post card."

그런데도 모른 척 자기 일만하고 있으면서 무어라 꿍시렁 거리는 투로 프랑스 말만 하고 있다. 시간이 별로 없기에 아예 엽서 몇 장을 뽑아 가지고 코앞으로 가져갔다.

"I have U.S dollars. Can I use U.S dollar?"

달러 지폐 몇 장과 함께 엽서를 내어 밀었다. 그러자 또 다시 프랑스 말로 무어라 꿍얼거리기 시작을 한다.

사실 듣기로는 프랑스 사람들은 자존심이 강해서 그 나라에서는 프랑스 말을 해야 대접을 받고 프랑화로 환전해가야 쓰기에 편하다는 말은 얼핏 들은 기억이 있기는 하다.

그러나 불어에 대해서는 까막눈이고 인사 말 조차 배울 여가를 얻지 못했을 뿐만이 아니라 달러를 프랑화로 환전할 짬도 얻지를 못했던 것이다.

어느 나라에서든 영어는 쉽게 통하고 미화가 안 쓰이는 데가 어디 있
겠는가 했는데 브레이크가 걸려 버린 것이었다.

"오호라. 영어가 안 통했겠다?"

그런데 직감으로는 알아는 듣는데 의도적으로 기피하는 것 같이 느
껴졌다.

여기에서 사서 부치지 않으면 자칫 고국에 도착한 후에 받아 보는 엽
서가 될 것 같아서 좀더 적극적이어야겠다 싶어졌다.

'에라. 모르겠다. 당신이 당신네 나라 말로만 한다면 나도 내 나라 말
로 할 수밖에 다른 수가 있겠는가'

"아가씨, 미안한데 이거 얼마요?"

"……, ……"

"오, 우리 한국에서 왔는데 잘 좀 해주쇼. 아가씨, 한국 알우? 프랑스
사람 되게 불친절하네. 안 그렇소?"

뭔가 다시 꿍시렁 거리면서 말하길래 같이 떠들어대기 시작했다.

"우리는 고객이고 당신은 파는 사람이면 좀 친절해야지 안 그래요?
뭐 잘 났다고 그러슈. 별것도 아니구먼. 이거 이거 주슈. 안녕?"

점원이 무어라 하거나 말거나 계속 지껄여댔더니 한참을 쳐다보더니
계산을 해주는 것이 아닌가.

"영어, 불어는 안 통하지만 한국어는 통하는구먼. 할렐루야"

"할렐루야?"

"하이! 할렐루야!"

그때서야 뭔가 들은 바가 있어서인지 웃음을 띄운다.

“고마운데 기왕이면 좀 깎아 주슈”

손짓으로 웃으면서 아래로 내리 저었더니 알았다는 듯이 할인까지 해준다.

“대단한 백성들이야.”

“다딴?”

“다딴이 아니고 대단, 대단. 알것수?”

무얼 알기나 안 것처럼 고개를 끄덕여 댄다.

“고마워요. 아가씨”

“꼬마버?”

“아이쿠 맙소사. 꼬마버. 그래.”

그저 말이 안 통할 때는 한국말이 최고다.

39. 서툰 영어보다는 한국어가 더 잘 통하더라

선교를 떠나기 전 준비하는 과정에서 한 부분으로 빼놓지 않는 것이 있다면 그 나라의 풍습과 지리 등을 익히는 것과 그곳에서 사용할 기초 언어들을 웃음꽃을 피워가며 연습하는 코스이다.

필리핀 선교를 위해서는 영어와 현지어인 다갈로어를 나름대로 배워 놓았기 때문에 급박할 때와 기본적인 전도의 언어들은 익히고 있었다.

그런데 현지에 도착하고 보면 한결같이 딴판이 되어버리고 만다. 너무 다국적으로 언어들을 습득해서인지 머리 속이 뒤엉켜 버려서인지 기본 언어들을 머리 속에서 골라내는 데에도 진땀을 흘리곤 하는 것이다.

핑계는 더위 탓이고, 잠을 못 잔 탓이고, 뭔 탓이 그리도 많은지 탓병에 걸려들고 만다.

아니나 다를까 모리아 교회에는 어린이들로 가득 찬 집회가 있었는데…

어떻게 찬양을 인도하나 하고 지켜볼라 치니.

오늘은 모임 때마다 늘 윤활유 역할을 해주던 뚱뚱이 집사님이 십자가를 지기로 한 모양이다. 드디어 마이크를 잡게 된 것이다.

나머지야 악기나 율동이니 별 걱정할 것도 없겠지만 마이크를 잡은 집사님은 달랐다. 엊저녁에 열심히 노력하고 기도하더니 담력을 얻은 데에다 입술에 기름이 발리웠나 했더니 더위 속에 더더욱 진땀을 빼고 있었다.

어린이들이 더듬거리는 영어를 알아들을 리도 없고 다갈로어는 아직 앞뒤가 안 맞고 그저 확실하게 알아듣게 하는 것은 천국의 공용어인 〈할렐루야〉와 〈아멘〉 뿐인 것 같았다.

나중에는 에라 모르겠다 싶었던지 할렐루야, 아멘과 한국말로 주일학교를 인도하듯 해가니. 아니 그런데 그것이 더 잘 통하고 있는 것이 아닌가.

호흡이 맞아들기 시작하고 잘도 따라하고 거침없이 흘러가고 있었다. 분위기와 모인 사람들의 생김새만 달랐지 한국의 여름 성경학교를 하는 것이 아닌가 하는 착각을 할 정도가 돼 버린 것이다.

시키는 것, 따라하는 것, 나와서 시범보이는 것, 상품을 주고받는 것 등등 모든 거침돌이 제거되어 버렸다.

초대교회 때에 성령의 임하심에 방언으로 언어의 벽이 잠시 허물어졌던 것처럼.

뜨거운 열심에 성령께서 간섭하신 것이다. 귀국 후 선교사님의 편지를 통하여서도 이 장면에 대하여 감동의 순간들을 기록하고 계셨다.

"역시 안 통할 땐 기도하고 담력으로, 그저 한국말로 그게 따봉이라니까요."

그때 그 집사님이 뱉었던 힘 붙은 말이다.

40. 없는 비행기를 타고 선교를 가나요?

목회자가 마음을 아파하는 요소들이 많이 있지만 그 중의 하나는 어려움을 만났을 때 기도하며 협력하는 것이 아니고 어찌되나보자 하는 식으로 관망 하거나 간접적으로 힘을 빼는 무리 속에 있는 성도들의 믿음 없는 행위를 볼 때이다.

선교를 떠날 때 마다 꼭 기도의 제목들이 생겨나서 '괜히 일거리를 만들었구나' 하는 생각을 할 때가 한 두 번이 아니었다.

그러나 지나고 나면 그런 일들로 말미암아 승리의 아름다운 간증거리를 간직할 수 있는 축복을 누릴 수가 있었고 또한 기도를 시키기 위해서도 필요한 요소였었다는 것을 발견하게 해주신다.

그럼에도 진행 중 벽에 부딪칠 때면 '아예 처음부터 진행을 하지 아니하였더라면 골치 아픈 일들도 만날 일이 없었을 것이 아니냐'는 푸념이 생기곤 하는 것이다. 곧 회개를 하게 되면서도 반복적이다.

더 좋은 것으로 진행하실 때 어려움은 생겨날 수 있다는 경험들이 힘이 되어 주기는 하지만……

이번에는 어떤 기도의 제목을 주실까?

한 주일 전부터 항공기 문제로 속을 썩이더니 내일 오전에 출발을 해야함에도 불구하고 Ok는 불구하고 Waiting에서 아예 취소가 되어버리는 일이 벌어졌다.

해외 팀 사역은 주로 추석 기간과 구정 기간을 활용하였는데 이는 직장에 다니는 형제자매들이 휴가를 얻어내기가 용이하여서 개인적 휴식을 버리고 선교에 동참하곤 했기 때문이다.

이번 추석은 필리핀의 사역지를 찾아 선교 일정을 잡고 있었다. 작은 교회에서 단원이 이십 여명이 되니 적은 인원만도 아니다. 그런데 한 주일 전부터 항공기 좌석에 대하여 불안한 마음이 들어오기 시작 하였고 이로 인해 좀더 기도에 전념할 것을 일행들에게 알려주었다.

선교는 인간적 사고에 의해 진행되는 것이 아니라 그분의 계획 속에서 강권적으로 보내어지는 것을 느끼고 늘 체험을 해 왔다.

이번에도 그분의 일을 위하여 바쳐져야할 시간들인데 아예 비행기를 탈수가 없다면 이는 그 동안 선교지에서 기적처럼 승리 해왔던 것들과는 다른 일면을 보여 주는 것이 돼 버리고 만다.

이번에는 다른 모든 것은 다 진행이 잘 되었는데 항공기 그것이 기쁨을 허물어 가고 있는 것이다.

해외를 곧잘 다녔던 집사님들이 넌즈시 어깨 너머로 듣고는 불가능한데 너무 쓸데없이 고집을 피운다고 하는 소리들을 간접적으로 들려줬다. 이미 선교일정에 대한 공적인 광고가 나가긴 했지만 항공기 자체가 아예 없었다.

추석 명절이 일반인들에게 여행하기에 좋은 연휴의 날짜로 연결이 되어 있어서 동남아 선은 몇 달 전부터 이미 마감이 된 바였기 때문에 더욱 그랬다.

"믿음도 믿음 나름이지 없는 비행기를 만들어 타고 가나요?"

참여하지 못하고 있는 분들의 언어는 어떤 의미에서 고생하고 있는 목사님을 위로하여 빨리 방향을 바꾸실 것을 간접적으로 요구하고 있었다. 그러나 그분이 간섭하신 역사나 단원의 일부를 통하여 선교지에서 사역하는 모습을 꿈 등을 통하여 미리 보여주신 바는 분명히 주변의 여건이 어떠하든 간에 지속적으로 진행이 되어야 옳았다.

그런데 내일 오전에 출발해야하는 우리는 오늘의 일과가 끝나고 저녁 아홉 시가 되어도 희망의 소식을 접할 수가 없었다. 그냥 웃음거리가 되게 하시려 하는 것인가?

지금까지 이런 일은 한 번도 없었는데.

출발 전일에 모여서 마지막으로 점검하는 모임에는 가지각색의 답변들이 나왔다. 각자의 믿음의 시험에 대한 답장을 내놓고 있는 것이었다. 조심스러운 성격의 재기를 좋아하는 생각파 성도들은 아예 불안한 일정을 놓고 기도할 때부터, 놀라웁게도 아예 주변에 선교를 간다고 말조차 하지 않고 있는 터였다.

그러니 간접적으로는 '안돼서 안 갔으면' 하는 심정이어 보인다. 갑자기 이루어져서 간다고 해도 가정과 주변을 설득해야하는 작업이 남아있기 때문일 것이다. 일행에게는 겉으로는 가노라 해놓긴 했지만.

믿음으로 던졌다는 믿음 파는 '나는 그래도 간다' 는 식이어서 이미 선교지로 간다는 말을 주변에 남겨놓고 나왔기 때문에 결코 빈손으로 그냥 돌아갈 수가 없으니 만약 해외선교에 브레이크가 걸리면 아무 데라도 갔다가 와야 한다고 한다.

절충파는 갈 수도 안갈 수도 있다는 식으로 언질을 주고 있어서 가도 좋고 안가도 손해 볼 것이 없다는 식이다.

첫 선교 때 같았으면 상상도 못할 일들이다. 일심이 되어 있지 않으니 일이 제대로 될 이유가 없지 않은가. 몇 차례 밖을 나다니더니 요령도 생기고 인간적 힘에 의지하는 버릇이 도리어 발작을 하고 있었던 것이다.

그러던 차에 각 개인의 속을 들여다 볼 수 있도록 일거리를 만들어 주신 것이었다. 훨씬 더 어려운 역경 속에서도 선교에 있어서 만은 확실한 믿음 속에서 늘 진행해 오곤 하던 단원들이었는데.

이 지경이 되어 버리고 만 것을 테스트시키시는 것이었다.

"비행기가 없어도 갑니다. 내일 아침 일찍 떠날 준비를 해 가지고 오십시오."

마음에 동요가 일어나자 안 되겠다 싶어서 못을 밖아 버렸다. 주변 환경은 아무 것도 된 것이 없는데 전하러 간다는 것과 만남이 예비 되어있는 백성들과 교류가 이루어지고 있는 느낌을 이상하리 만큼 계속 받게 해주고 계셨다.

단원 중 한둘을 통해서도 이에 대한 힘을 잃지 않게 해주시기 위해서인지 꿈과 이상을 통하여 동일한 은혜를 내려주고 계셨던 것이다.

아니나 다를까 더욱 늦어진 밤에 연락이 왔다. 항공기 한편이 특별히 추가되어 가실 수가 있게 되었다고 말이다. 그러나 우리 손에는 잡힌 것은 아직 아무 것도 없는 상태였다.

예약 티켓도 없이 공항에 나갔지만 그 부분을 진행하고 있는 여행사에서는 짐을 부치는 곳에서 'Closed' 간판을 내어 달 때까지도 나타날 줄을 모르고 있었다.

"그래도 우리는 갑니다. 진정으로 한 마음이 되어서 기도해 봅시다. 여기서 티켓을 받지 못한다해도 우리는 각자의 집으로 돌아가지는 않을 것입니다."

그 말에는 일심이 되기 시작을 하였다. 어차피 추석명절 세러 집에 못 갈 바에야……

한참 마음을 모으고 있을 때 출발 몇 분전을 남겨 놓고 있는데 공항의 한쪽 끝에서 계단을 헐레벌떡 뛰어 오른 한 자매가 한 움큼의 티켓을 흔들면서 뛰어오는 것이 보였다.

보나마나 저 자매는 우리의 것을 들고 오는 게 분명하다. 할렐루야!

기내에서 멀어져 가는 김포의 뜰들을 바라보면서 느껴지는 것이 있었는데 그것은 이와 유사한 경우를 어디선가 겪었던 것만 같은 아스라한 마음이 찾아오는 것이었다. 꿈속에서인가 아니면 과거의 어느 때 였든가 미리 알려 주셨던 것이 아니면 어디선가 경험한 것을 또 다시 경험하는 듯한 그런 기억을 살리려 해도 잘 떠오르지 않던 것이 뇌리의 한 구석을 파고들어 온다.

그것은 바로! 우리가 해외 수련회를 위하여 첫 수련회를 국내에서의 해외인 제주도로 팀 사역을 떠났던 때가 있었는데 그때는 한 여름의 휴가 피크 철이어서 서울에서 완도로 가는 차량편이 이미 예약이 모두 끝난 상태로 비슷한 기도를 한 적이 있었다.

차량이 없는 가운데 일은 진행이 되었고 당일 전까지도 미확정의 마음을 타오르게 하는 일정이었었다. 그런데 우리들을 위한 차량은 회사를 통하여 특별히 새롭게 준비가 되어졌고 기적적으로 선교 수련회의 발걸음이 움직여지기 시작을 했었다.

차와 비행기의 차이 일뿐 비슷한 경우를 뒤에 겪도록 해주신 하나님. 그래서 어디엔가 '분명히 우리는 그래도 간다' 는 마음속의 확신이 더 방망이질을 했는지도 모른다.

그냥 쉽게 가면 어떠하길래 그리도 속을 태우시는 건지…

가라사대 너희 믿음이 적은 연고니라 진실로 너희에게 이르노니
너희가 만일 믿음이 한 겨자씨만큼만 있으면 이 산을 명하여 여기서 저기로
옮기라 하여도 옮길 것이요 또 너희가 못할 것이 없으리라 (마17:20)

| 시 한편과 함께 |

먼 저

41. 의사의 말 "빨리 유산시킬수록 좋습니다"

42. 늦깍이 신랑의 눈물의 기도

43. 결핵 말기의 어미로부터 태어난 아기

44. 뒤집어 사는 금붕어

45. 돼지 목에 진주

46. 번개작전 수련회

47. 아무리 환경이 아름다워도

48. 멀미 자매의 21시간 뱃길 선교

49. 여자에게 비밀이?

50. 예수 그리스도의 5초 대기조

먼 저

먼저 소유하지 않게 하소서
헐벗은 자 있는 곳에서 먼저 입게 마옵시고
굶주린 자 있는 곳에서 먼저 먹게 마옵시고
떠도는 자 있는 곳에서 먼저 갖게 마옵소서

먼저 쉬지 않게 하옵소서
손놀림이 있는 곳에서 먼저 놓지 않게 하옵시고
발걸음이 있는 곳에서 먼저 쉬지 않게 하옵시고
등불들이 있는 곳에서 먼저 수면 않게 하옵소서

먼저 셈하지 않게 하옵소서
영혼이 마른 곳에 내 생명을 셈하지 않게 하소서
육신이 병든 곳에 내 건강을 셈하지 않게 하소서
환경이 악한 곳에 내 재물을 셈하지 않게 하소서

주여
원하옵기는
어떠한 경우라도
걸림돌들 넘는 자유자 되어
거침없이 일하는 자 되게 하소서

41. 의사의 말 "빨리 유산시킬수록 좋습니다"

신혼시절의 인간적인 가족계획은 2남 1녀를 낳자였다. 그러나 자식을 낳고 안 낳고와 아들딸의 구분이 어찌 인간의 영역 속에 있겠는가. 하나님을 알지 못하던 시절 부질없는 사고들이었다.

결혼 후 일년이 좀 넘어서 아들을 하나 선물로 주신 하나님은 하나님의 사업에 적극적으로 동참해야 할 백성이 엉뚱한 짓만 하고 있으니 회오리의 소용돌이 속에 말려드는 숨 쉴 틈 없는 연단의 세월을 보내게 해 주셨다.

가정과 자신이 말이 아닌 상태에서 자식을 또 갖는다는 것은 상상도 못했고 하나님께서 허락하시지도 않았다.

부모님은 재산 욕심은 없어도 자식 욕심은 많으셔서인지 6남 2녀의 8남매를 두셨는데 자식들이 후세를 하나 또는 둘씩만 갖는 것이 못내 못마땅해 하시는 눈치였다.

우리의 사정은 둘은 고사하고 7년 8년이 지나도 오직 하나 뿐이다.

그런데 9년쯤 후에 아내로부터 아기를 가졌다는 소식을 듣게 되었다. 한편으로는 기쁘기도 하고 한편으로는 걱정이 태산같이 몰려왔다. 우리의 외적 환경이 너무나도 좋지 않았기 때문이다. 자신의 건강도 약화되어 있었을 뿐 아니라 아내 역시 외과적 수술을 받은 중에 있었기에 더욱 그랬다.

‘그 수많은 세월 중에 왜 하필이면 이때인가’

아니나 다를까 병원에 다녀온 아내의 얼굴이 창백하여지고 수심이 가득하다.

“빨리 유산 시키는 게 좋대요.”

‘유산. 유산?………’

그 문제에 대하여 흘러가는 말들로 들은 바는 많지만 이 일이 내일이 될 줄이야. 신앙이 없었던 때라면 이미 해답은 내려져 있다. 그러나 지금은 다르지 않은가. 그때부터 적극적으로 그 문제를 놓고 성경을 파고 들기 시작을 하였다.

‘아기를 낳을 수는 있을 것이다. 그러나 이 아이가 비정상이라면? 그래도 수용해야하지 않겠는가? 그러나 그런 모습을 보여주면서 온전한 목회를 할 수 있겠는가?

아니다. 그분이 주셨으니 그 분이 책임지시지 않겠는가?’

번잡한 생각들이 다 떠오른다. 가끔은 지체 장애자나 정박아의 아이들을 보아왔지만 큰 관심의 대상은 아니었고 동정 속에 그냥 지나쳐버렸던 일들에 불과 했었는데 이제는 이것이 나에게 주어진 숙제가 되어버린 것이다.

성경을 통하여주시는 말씀은 어떠한가? 분명 그 생명을 인위적으로 대할 수 없게 하시는 것이다. 낙태로 죽어 가는 아이들이 전쟁으로 죽어지는 숫자보다 많아지는 이 시대에 무엇인가 깨우쳐 주시는 주님의 음성에 귀를 기울여야만 했다.

아예 생명체로 인정치 않는 무리들. 피할 수 없는 공간 속의 그 어린

생명을 칼질해대는 많은 곳들을 향해 외쳐야 할 목소리를 주시는 것 같았다.

성경은 태중에서부터 이미 분명한 생명체임을 증거 해 주고 있다.

"주께서 내 장부를 지으시며 나의 모태에서 나를 조직하셨나이다."(시139:13)

수많은 구절들이 마음을 때려왔다.

그래도 만약에 기형아를 가졌다면?

주님은 요한복음 9장 1절로부터의 말씀을 주셨다. 하나님의 영광을 위하여 소경으로 태어난 자. 그 자도 주님을 위하여 쓰임 받고 있지 않은가. 만약에 감당할 수 없는 몸일 것이라면 인간의 인위적 손을 빌리지 않더라도 그 분께서 그 생명을 일찍이 취하실 것이다.

만약에 정박아의 몸으로라도 태어난다면 그것은 그를 통하여서도 영광 받으실 일이 있으시기 때문일 것이요, 우리에겐 감당할만하니 허락하시는 것이 아니시겠는가.

그러한 마음들이 들자 절반쯤의 평안이 왔다. 그러면서도 기왕이면 의사의 말은 그럴지라도 하나님의 손길에 의해 정상적이길 간절히 소원했다.

그러면 목회에도 더욱 거침돌이 되지 않을 것이니 말이다. 그러면서 그 앞에 서원하기를 "이 아이를 정상적인 아이로 주시오면 비정상적인 아이들을 위하여 돕는 일도 빼놓지 않도록 하겠습니다."

일거리 하나를 더 받는 셈이다. 그리고 매일같이 하루도 빼어놓지 않고 잠자리에서 아내 배 위에 손을 얹고 기도하는 것을 잊지 않았다.

내가 잊을라 치면 아내가 손을 잡고 올려놓는다. 기도 없이는 그 불안을 몰아낼 수가 없었기 때문이었으리라.

만삭이 되어서 출산할 날이 가까워질수록 마음은 도리어 평안해 져갔다. 아내 역시 동일한 마음의 고백을 하게 되니 다행스러웠다.

때로는 아이의 모습을 꿈을 통하여 보여주시기도 하였는데 염려할 것 없는 정상 아이였다.

출산일!

간호원의 손길에 싸여 나오는 그 아이는 우렁차게 울어대고 있었다.

"보호자 되세요? 자, 보세요. 손가락이 하나, 둘, 셋, 넷, 다섯, 그리고 발가락이 하나, 둘, 셋, 넷, 다섯 맞죠? 귀여운 공주님이 탄생하셨습니다. 축하합니다!"

손가락, 발가락만 세면되는 것인지. 얼굴이 아주 예쁘지 않은 것을 제외하고는 모두 정상이었다. 얼굴이 무슨 문제이겠는가. 딸이 무슨 문제이겠는가.

그 후로는 아들딸을 구별하여 기도해주는 습관이 없어져버렸고 그저 "건강한 자녀들을 선물로 주시면 감사하겠습니다"로 바뀌어져 갔다.

이제 2남 1녀를 다 얻은 셈이다. 아들 하나, 딸 그리고 성도들을 아들을 사랑하는 것처럼 대하자는 마음에 불을 붙여 주셨으니 말이다.

아들과 10년이나 차이가 나는 딸은 어찌나 건강한지 오빠조차도 늘 이겨 먹으려고 하는 용기로 오늘도 싸우고 있다. 그뿐이겠는가 교회의 마룻바닥을 온통 기어 다녀서 청소를 해대고 어찌나 울고 떠들어대는지 아이 가진 성도들의 부담을 덜어주고 있는 것이다.

"목사님 딸도 저러는데 뭐라 하겠는가" 하면서 말이다. 그 이전에도 아이들에 대해서는 부담 주는 간섭을 별로 안 했었는데 툭하면 애매한 딸 핑계를 곧잘 대는 성도들이다.

42. 늦깎이 신랑의 눈물의 기도

벚꽃이 활짝 핀 따뜻한 봄날 개인의 야망을 이루기 위해 세월을 놓쳤다가 배필을 이제야 만나 팡파르가 울리게 되었다.

늦은 세월을 더욱 늦게 할 수 없어서인지 얼마 되지 않아서 기쁜 소식을 전해왔다.

"목사님. 저의 집사람이 임신을 했습니다."

"축하합니다."

"그런데요. 목사님 아시다시피 집사람이……"

머리를 긁적거린다. 그 기쁜 일에 짐도 하나 생겨서이다.

"아시다시피 집사람이 결혼 전부터 당뇨가 있었잖아요. 거기에다가……."

"말씀 안 하셔도 다 압니다. 그러나 걱정하지 마십시오. 기도하시면 됩니다. 하나님께서 평안을 주실 것입니다."

지난날의 간증과 함께 여러 이야기로 위로해주고 힘을 북돋아 주었다.

"그런데요. 병원에서는 위험하다고 그래요."

"결국 유산시키라는 말로 유도할 겁니다. 그렇지 않던가요?"

"네 맞습니다."

결혼 후에야 교회에 발을 들여놓기 시작한 믿음이니 초신자 중의 초신자였다. 다행한 것은 그러한 사실을 아는 그의 아내가 낙태는 안 된다고 못 박아 놓고 있다고 한다. 그러니 아직 성경에 깊이 접해보지 못한 성도의 입장이 더 난처해진 것이다.

세상 사람들 하듯 깨끗이 지워버리면 그만일 텐데.

이럴 수도 저럴 수도 없고 혹시나 목사님도 의사의 이야기에 동의할 줄 알았는데 그게 아니고 정반대로 말씀을 하시니 노총각 늦게 장가들고는 큰일을 만나고 만 것이다.

저녁마다 예배를 드리고 기도하고 새벽기도에 동참할 것을 권했다. 마침 주위에서 믿음을 위해 기도해 주시는 집사님이 계셨는데 그 쪽을 통해서도 동일하

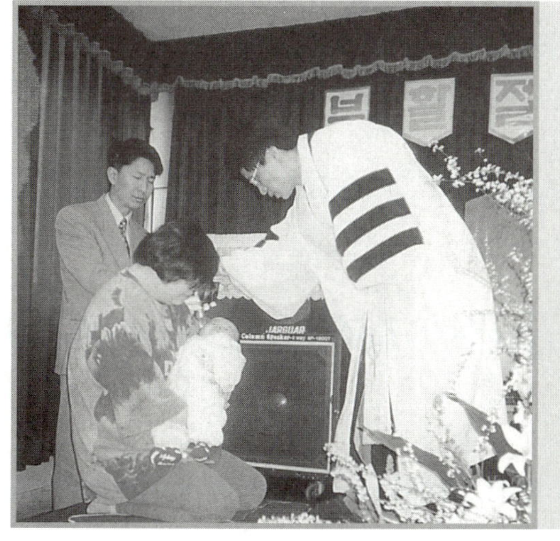

게 기도의 권면을 하시고 자신도 그렇게 신앙생활을 하노라 하니 그 뜻을 좇아서 주님을 영접하면서부터 시작한 새벽기도회에 빼놓지 않고 나오는 축복의 길로 들어서게 된 것이다.

출산일!

무려 4.5Kg.

그때까지 교회의 출생 아이들 중 보란 듯이 가장 건장한 왕자님이 태어나는 순간이었다. 아무 데도 이상이 없는 건강한 아이다. 누구라도 들어보라는 듯이 말이다.

병원이 사람을 살리는 기관이 되어야 할텐데 요즈음은 왜 죽음을 강요하는 곳으로 전락하고 있는 것인지.

회개하여야 할, 그것도 찢어지는 회개를 요구할 일이다.

43. 결핵 말기의 어미로부터 태어난 아기

"목사님. 걱정이 돼서 죽겠어요."

"무엇이 그렇게 이렇게도 사랑스러운 집사님을 괴롭게 합니까? 말씀만 하십시오. 내 그냥 내버려두지 않을테니깐."

"아니 목사니임. 그런게 아니고요."

"그런게 아니면 또 뭐요. 내 연약해 보여도 집사님 괴롭히는 것쯤은 한방에 날려 버릴 수 있다니까요."

"제가 지금 임신해 있잖아요. 그런데 감기가 하도 떨어지지 않아서 약을 먹었는데 그게 그렇게도 마음에 걸려서요. 아이에게 이상이 있는 것은 아닌지."

"예에, 이해합니다. 기도 중에 힘을 얻으시기를 바랍니다. 연약하게 하는 것들이 몽땅 떠나게 될 겁니다."

"아멘!"

"그리고 제 말 좀 한 번 들어 보실래요?"

산모들이 곧잘 상담해오고 기도 받기를 원하고 걱정하는 것 중의 하나가 이 시대가 약물의 홍수 속에 있으면서 가져다주는 의구심들이다.

이런 때마다 나의 직접적인 경험과 성도님의 경우 그리고 또 한 가지의 승리의 소식을 전해준다.

결혼주례를 맡았던 새 가정 중의 하나는 아내 된 자가 결핵에 걸려 있었다. 양가와 모두가 아는 가운데 수용이 되었는데 공주의 국립 결핵요양소에서 장기입원을 했을 만큼 상태가 안 좋은 자매였다.

권사님의 집안에서 받아들이게 되었는데 몸은 병중이었지만 신방은 꾸려졌으므로 아이를 갖게 되었다. 결핵의 말기에 있었기 때문에 약이라고 하는 것도 고단위 치료제에 속하였다. 일반적인 것과는 비교할 수도 없는 것들이다.

결핵은 나와 사모도 과거에 겪었던 바라 누구보다도 잘 안다고 해도 교만한 말은 아니라고 여겨진다.

그 아이가 어찌 되었겠는가.

내성이 생긴 몸에 독성의 약들. 허약해 질대로 허약해져서 갈대와 같아진 그 몸속에서 자라나는 생명력. 그 생명은 하나님의 영역임을 다시금 일깨워 주었다.

얼마 후에 출생한 귀한 아들은 아주 튼튼하여 어미의 위로가 되었고 권사님의 큰 기쁨이 되었던 것이다.

"주변의 환경적 요소에 약하여지지 말고 기도하십시오. 하나님이 주시는 생명은 그분이 분명히 책임을 지십니다. 말 못하는 어린아이를 인위적으로 살인하지 마십시오.

그런 마음을 품는 것 조차에도 뼈저린 회개가 있어야만 합니다. 그 생명은 당신의 소유 이전에 하나님의 소유임을 기억하시기 바랍니다."

이 시대에 외쳐대고 싶은 소리이다.

44. 뒤집어 사는 금붕어

사택에 화분이 오면 어떤 것이든 죽이지 않고 아름답게 키울 수 있는 자신감이 어느 정도 붙어 있었다.

관리하는 몇 몇 요소 중에서 일차적인 것은 물을 너무 많이 주지 않고 약간 부족한 듯이 주면 식물은 거의 죽지를 않는다.

그러나 지나치게 수분을 공급하고 자주 물을 주면 뿌리가 썩어서 소생 불능이 되고 마는 것을 여러 차례 경험을 하고 나서야 얻은 비결이다. 물이 부족하면 잎이 삐들삐들 거려 보일 수는 있어도 다시 물을 주면 금방 소생하기 때문에 죽는 것을 본적이 없다.

항상 집안의 한 부분을 장식하는 수족관에서도 유사한 교훈을 얻고 있다. 한번 어항에 들어온 고기는 적어도 몇 년씩은 살려 놓아 정이 들곤 하는데 그것들이 나이가 들어서 별세(?) 하기 전에는 거의 죽지 않게 돌보아 준다.

비결이 다른데 있는 것이 아니다. 그저 많은 양의 먹이를 주지 않고 산소 공급을 꾸준히 해주면 스스로 잘 살아간다. 그러나 하루에도 몇 차례씩 먹이를 던져 주어보면 몸을 가눌 수 없을 정도로 배불 띠기가 되어서는 오래가지 않아 병이 들던가 그런 모양으로 죽어가게 된다.

식물의 경우는 나름대로 통제를 잘 시킬 수 있었으나 어항 속에 여러 마리가 공존하는 금붕어의 경우는 조금 상황이 달랐다. 전체적으로 양을 줄인다 하여도 그 중에서 욕심이 많은 녀석이 항상 있어서 다른 녀석보다도 먼저 더 많은 양을 취하는 것이 있기 때문이다.

그렇다고 먹이를 주는 때마다 일부에게 먹지 못하도록 할 수 있는 것도 아닌데 그 중 한 녀석은 어느 곳에 먹이를 주든지 항상 먼저 나타나고 다른 것들보다도 독식하다시피 많은 양을 항상 취하고 있었다.

그것을 피하기 위하여 다른 모퉁이에서 공급을 하여도 언제 냄새를 맡았는지 날쌔게 나타나서는 휘젓고 다니는 것이었다.

어느 날 보니 배가 불룩하여서 뒤집어져 있길래 그처럼 혼자 욕심을 부리더니 이제 변비에 걸려서 죽으려나 보다 하고 꺼내어 버리려하면 또 다시 잘 움직여 댄다.

여러 날들을 정들여 왔기에 살아있는 것을 버릴 수도 없고 죽을 때만 기다리고 있는데도 쉽사리 죽지도 않는다. 그러면서도 먹이를 줄 때만 되면 언제나 끝없이 먹어대는 것이었다. 몇 날이 못 갈 것 같은 배불뚝이는 수개월이 지나도 죽지를 않고 있었다.

그런데 사는 모습이 다른 녀석들과는 달랐다. 배가 어찌나 모양 없이 불러있는지 원래대로 다니지를 못하고 뒤집어져서 깜박거리며 다니고 있는 인생 아니 魚生이었다.

그들 세상 속에서 거꾸로 뒤집어져서 세상을 바라보고 고통스러워하며 살아가야 하는 모습이 불쌍해 보인다. 조금만 덜 먹으면 될 것 같은데 먹이만 들어가면 양보할 줄을 모르는 욕심의 열매이다.

전체적으로 양을 줄이거나 늘리거나 그 녀석은 항상 먼저 나타나기 때문에 수고도 허사였다.

남들은 정상적으로 뛰어 놀면서 지내건만 한 모퉁이에 둥둥 떠서 뒤집어져 있는 모습이란. 집안의 아기들 손길을 통하여서도 놀림거리요 자칫하면 죽은 붕어 또는 죽을 것으로 오인되어 버려질 소지를 늘 안고 있는 위험스런 존재이기도 한데 오늘도 먹이를 들고 나가면 언제 보았는지 잽싸게 도로 뒤집어져 허덕거리며 또 먹어대기를 시작한다.

그 고통을 버리는 쉬운 방법이 있는데도 버릴 줄을 모르고 말이다.

재물에 대해서도 유사하지 않은가 싶다.

풍족한 중에 잘 관리하면 되지 않느냐고 변론을 펴겠지만 이 역시 자신을 점점 배불뚝이로 채워가며 치장하고 합리화시키기 십상일 뿐 아니라 축복이라는 이름으로 빌미 삼아 끝없이 화려해져가기 마련이다.

물질은 평균적 삶과 비교하여 부족한 듯한 범위로서 소유를 제한하고, 이웃을 향하여 흘러가도록 하는 것이 아름답고 마음껏 제구실을 하며 쓰임을 받게 되는 데도 말이다.

어쨌든 소유의 욕심은 세상과 점점 더 가까워져 가는데 디딤돌이 되어갈 수밖에 없어 보인다. 주변의 대부분을 보아서라도 알 수 있듯이 수입만큼의 그 퍼센트를 갖고 하나님 사업의 일들에 사용되지를 못하고 액수는 늘어도 수입에 대한 선교적 지출의 퍼센트는 감소해가고 있는 것을 체크할 수가 있다.

이웃을 향하여야 할 그 감소분만큼 오직 자기 확장에만 소모될 뿐이다. 그리고는 뒤집어져있는 것도 모른 채 축복을 받았노라 자랑을 해 댄다.

뒤집어 사는 금붕어의 현상은 인간 세상에 더욱 많아서 가관이고, 그리스도인이란 이름 하에 저질러지고 있음은 주님의 마음을 속 태우는 일들인 것이다.

45. 돼지 목에 진주

1980년대 초반만 하여도 향수라는 것은 우리나라 사람들에게는 생소한 것으로 별로 사용하지 않는 화장품중의 하나였었다.

간혹 여자들의 경우는 몰라도 남자들의 경우는 더욱 그러했다. 향수는 냄새나는 외국인들이나 사용하는 것처럼 인식되던 시절에 외국에 나가있던 동생으로부터 귀한 선물로 향수 몇 개를 선물로 받았다.

조그마한 병에 들은 고것이 냄새도 꽤 진하여서 낯선 우리에게 익숙치 않아 선물은 고마웠지만 어떻게 쓰는 것인가에 대해서도 부담스러웠다.

그런데 병에 쓰여져 있는 글자를 가만히 읽어보니 얼핏 '화장실' 이라는 의미가 아닌가 하는 생각이 들었다.

불란서어의 형태를 빌어서 EAU DE TOILETTE라고 쓰여 있으니 그렇게 생각할 수밖에 다른 도리가 있겠는가?

옳구나! 이건 화장실에서 조금씩 뿌려가며 냄새를 제거하라는 것인가 보다하고 화장실에 갈 때마다 조금씩 흘려서 냄새를 내게 하였다.
그런데 우리의 습관상 굳이 번거롭게 그리할 이유도 없었고 또한 부질 없는 낭비만 같아 보였다.

그래서 사용을 중지하고 방에서도 쓸 수 없고 몸에는 필요성이 느껴 지지 않고 용도도 잘 모르기에 한 구석으로 밀려나게 하여 괄시를 받게 하다보니 어느샌가 없어져 버리고 말게 되었다.

수년이 흐른 후, 생활들이 나아져서 향수 바람이 불게 되었고 여성뿐 아니라 남성용도 매우 신선하게 유행의 바람을 타고 사용되어 낯선 제 품에서 제외 되었다.

어느 날 다른 국적의 향수를 선물로 받게 되었는데 이로 인하여 향수 에 대한 약간의 관심을 다시금 가질 수 있었다.

백화점에 물건을 살 기회가 주어져 유사한 코너를 지나고 있는데 옛 날에 받았었던 그 선물, 그 향수가 진열되어 있는 것이 보였다.

그런데 그 조그마한 그것이 다른 것들에 비하여 훨씬 가격도 비싸고 고급스럽게 취급되고 있는 것이 아닌가.

그리고 설명해 주는 아가씨를 통하여 약간의 향수에 대한 공부를 해 보니 그것은 화장실에서 쓸모없이 소모하는 그런 것이 아니었다.

그토록 귀한 것이 아무 것도 모르는 자의 손에 들어오고 보니 천대를 받은 것이다.

다행히도 수년이 지난 어느 날, 집안을 정돈하는 중에 방 모퉁이 한 켠 먼지 가운데 떨어져 있던 옛날의 그것이 발견되었다.

'괄시를 받을 바에야 나타나지 말고 숨어나 있자' 하는 식으로 말이다. 먼지를 털어 내고 보니 그렇게 귀하고 예쁘게 보일 수가 없었다.

포도주처럼 오래 둘수록 가치가 올라갔으면 좋으련만.

이런 것이 바로 돼지 목에 진주 목걸이?

46. 번개작전 수련회

우리도 한 번 밖으로 나가는 수련회를 가져보자고 하였다.

학교에 다니던 전도사 초년에 교회 개척은 해 놓았지만 아는 바도 별로 없고 경험은 무지한 상태였다. 그럴지라도 남들이 하는 것들을 따라서 할 일은 다 해보고 싶은 마음이 간절했다.

주일학교의 수련회를 원거리에 있는 한 기도원으로 가기로 한 것이었다. 어른들은 별로 없는데 어린이들은 바글바글한 편이어서 움직이는 것이 문제였다.

대중 교통편을 이용하자니 몇 번씩 갈아타고 걷고 해야 할진데 수련회에서 사용할 물품들이 일인당 몇 개씩 들고 간다 해도 잔뜩 넘쳐날 것만 같았다.

얼마 전부터 이웃 교회의 옆을 지나올 때마다 그 교회의 큰 차량이 눈에 자주 띄었었는데 그 차를 좀 부탁해 보기로 하였다.

다행히도 가는 편만은 협조가 가능하다고 한다. 일단 절반은 된 셈이다. 올 때는 그 때가서 또 생각해 보기로 하고 일을 추진하였다.

또 한군데에 지원 요청을 하였는데 그것은 서울에 계신 집사님 한 분을 일꾼으로 모시는 것이었다.

그 오 집사님은 총각 집사님으로 서울의 개척교회에 봉사하고 계신 재주꾼이었다. 특히 인형극에 있어서는 무명의 집사님이셨지만 어느 기회에 한 번 모셨더니 교회 안이 눈물바다가 되도록 땀을 흘리시며 봉사를 해주시는 바람에 적지 않은 정이 들었던 집사님이었다.

게다가 영화 슬라이드 등도 갖추고 있어서 수련회의 한 프로그램을 담당하실 수 있는데는 제격이었다.

당 일!

교회 옆에 차가 도착하고 아이들이 모이고 교사들이 짐을 챙기기를 시작하는데 초청자로 불려온 총각 집사님이 그 상황을 바라보면서 몇 마디 중얼거리는가 싶더니 입을 아예 다물어 버리고 만다.

싸우고 온 사람 입 다물고 있는 것 같은 데에다 얼굴의 표정도 편해 보이지가 않았다. 남의 일에 콩 놓아라 팥 놓아라 할 수는 없는 노릇이지만 천막 속에서 하나 둘씩 끄집어내 오는 짐들이라는 것이 가관이었기 때문이다.

완전히 피난 살림에다 촌티란 촌티는 모두 내어서 대형 텐트에 기둥들하며 그을린 냄비에 솥뚜껑 딸그락거리는 소리 등등 알뜰하게 준비를 하여도 대단할 것인데 하나씩 낱개로 자랑하며 슬금슬금 기어 나오는 것들은 숫자를 헤아리기조차 힘든 교회 자체가 통째로 피난 가는 양상이었다.

차와 함께 운전을 담당해 주시던 집사님도 처음에는 "이리 실었으면 좋겠다, 저리 실었으면 좋겠다" 하고 도와주시더니 이제는 알아서 실으실 수 있는데 까지 실으라는 식으로 운전대에 앉아 포기 중이다.

"걱정할 것 없습니다. 다 될 테니까. 모두가 필요한 것들이니까 준비된 거겠죠 뭐."

짐을 모두 실은 후에 사람이 탄다는 것은 불가능하여져서 사람을 태우고 나머지는 무릎 위에 정리하기로 하였다. 그래도 불만하나 없이 좋아라 하는 아이들.

"집사님, 기도하시면서 천천히 가셔야 되겠습니다."

"교회도 쪼그만데 아이들은 왜 그리도 많습니까? 기도해 주세요. 출발할테니."

촌뜨기들이라 핀잔은 들을지라도 나름대로 장점은 지니고 있었다.

첫째는 꾀를 부리거나 요령을 피우는 아이들이 없이 모두가 자기 일로 받아들이고 헌신을 한다는 점이다. 기도원의 원장으로 계신 장로님께서 움직이는 아이들의 모습을 한참보시고 나더니 한 말씀을 던지신다.

"요즘 도회지애들 같으면 어림도 없어요. 밥 다해서 먹여줘도 불만투성인걸요. 뭐. 전도사님은 기쁘시겠습니다. 좋은 일꾼들 두셔서."

"암요."

우리가 볼 때는 당연한 일들인데…….

고사리 같은 작은 손들에 의지된 짐들은 이마에 흐르는 구슬땀과 함께 한참을 올라간 산 중턱의 숙소까지 즐거운 노랫가락에 실려 기꺼이 운반 되었다.

무경험의 교사들 손과 저들의 손이 엉켜져가며 천막이 세워지고 하나 둘씩 구색이 갖추어지는 것을 보더니 오집사님도 무엇인가 깨달은 바가 있는지 입이 열리기 시작을 한다.

그분이 한 번 입을 열면 다른 사람이 개입할 여지가 주어지지 않는 그런 분이었는데 그 동안 참고 있느라 얼마나 고생을 했겠는가.

"전도사님. 죄송합니다. 처음에 볼 때는 불가능한 줄로 알았거든요. 이런 경험은 처음이라서."

"올 때는 그래도 편하게 온 것 같은데 갈 때가 문제겠죠."

"편하게요? 맙소사."

우리의 야외 수련회 첫 경험과 오 집사님의 색다른 첫 경험은 잘 조화를 이루어가고 있었다.

폭죽과 캠프 화이어를 마지막으로 장식한 기적 같은 수련회는 무사

히 마치어 가는데 앞으로 돌아갈 일이 태산 같았다.

상당히 줄어들 것만 같았던 짐들은 먹을 것들을 그렇게도 용감하게 먹어 치웠건만 도리어 흐트러진 짐들은 헤아릴 수 없이 더 많아만 보였고 시골티를 벗어나지 못한 짐의 그것들은 더욱 그을리고 긁혀서 더더욱 꾀제제하고 요란스레 구질구질 하여져 있었다.

아랑곳 않고 고단하여 잠을 자는 어린이들의 모습과 봉사의 손길로 얼룩진 교사들의 가쁜 숨소리의 숙소를 뒤로하고 밤하늘의 별들을 보니 그렇게도 또랑또랑하게 빛이나 보일 수가 없다.

무언가 기쁨을 전해주는 것 같기는 한데 어깨 한 구석은 점점 무거워져 가기만 한다.

"하나님 지금까지도 잘 도와주셨는데 내일도 잘 도와주실 것을 믿습니다. 우리가 가진 것이라고는 두 손과 두 다리 밖에 없거든요. 주님이 더 잘 아실 텐데요."

짓궂은 몇 몇 녀석들의 속삭이는 소리가 들려온다.

"야. 이젠 다 자지?일어나. 너 준비됐니?"

"엉. 야. 그 빨간 매직은 어디 갔어. 넌 선생님들 책임져. 난 고학년이다. 멋있게 그려 줘야지. 히히히"

"근데 전도사님은 어디 가셨냐?"

무슨 수작들을 부릴려는 것인지. 피로로 몰려오는 잠보다는 추억 만들기에 바쁜 녀석들은 항상 어디에나 존재하는 모양이다.

'그래 모른척하고 잠이나 자보자. 무슨 그림들을 얼굴과 온 몸에 그려놓을는지.'

아침결엔 일기는 좋은 편이 아니었다. 만약 차량의 도움이 없다면 이십여 리는 족히 걸어 나가야만 된다.

기도원이 생긴지도 오래 되지 않았고 그리 알려지지도 않은 상태여서 오는 사람도 많지가 않을뿐더러 기도원을 왕래하는 차량들도 거의 없었다.

갈 차량도 없는데 짐은 한구석에 쌓이기 시작을 했고 게다가 이곳 물이 좋다는 이야기는 수시로 들어서인지 속사정도 모른 채 약수 통 몇 개를 가득히 채운 채 낑낑거리고 들고 오는 것이었다.

아침식사를 마치고 마지막 순서를 마무리해 갈 때까지도 별다른 희망의 빛이 보일 줄을 몰랐다. 그런데 모든 순서를 마무리하고 이제는 갈 일만 남았다고 깊이 생각하고 있는데, 낯선 아저씨 한 분이 소리치며 다녔다.

"지금 기도원 떠나시는 분 없습니까? 시내까지 가실 부운!"

이게 무슨 소리냐. 그러나 승용차면 아무 소용이 없다. 고개를 삐쭉이 내밀고 멀리 바라보니 언제 왔는지 대형버스 하나가 예비 되어 있는 것이 아닌가.

퍼뜩 생각이 들기를 저것은 어떤 모양으로 이곳에 왔든 우리를 위한 손길이 되어줄 것이라는 확신이 왔다.

"이거 빈차로 나가야 되나? 갈 사람들도 없는 가벼."

"아니. 여기 있습니다. 지금 바로 나가시나요?"

"예. 지금 나가시게요?"

"예, 도와만 주신 다면요."

"도와 드리는 게 뭡니까? 주님을 믿는 백성이 당연한 거지요."

"저어. 저 혼자가 아니고 식솔들이 여럿 있는데."

"저기 보십시오. 저게 제 찹니다. 저렇게 큰 것이 덩하니 빈차로 덜덜 거리면서 다니면 주님이 기뻐하시겠습니까? 걱정 마십시오. 일거리를 주신 하나님을 찬양합니다. 할렐루야." 그 버스를 운전하시는 아저씨는 그날 분명 성령이 충만한 날이었다.

"혹시 어디로 가시나요? 저희들은 석계역까지만 갔으면 좋을 텐데. 원하시면 수고비를 좀 드리겠습니다."

"수고비는 무슨 말씀. 주님한테 혼날 말씀 그만 하시구요. 꼭 그 쪽은 아니지만 그쪽 방향은 되니까 그곳까지 갈 수는 있겠습니다."

은혜를 한 참 받는 중에 계신 집사님쯤으로 보인다.

"짐이 좀 있는데 함께 실어도 되겠습니까? 수련회를 마치고 돌아가려는 중이라서."

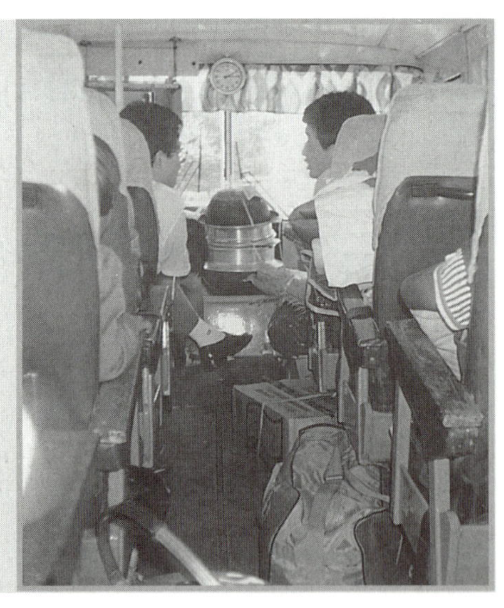

주위를 가만히 둘러본다.

"저게 그 짐인가요? 아이들하고?"

어인 일인지 소리가 줄어들고 말이 조금씩 늘어지기 시작한다.

"예에."하고 조심스럽게 대답은 했는데.

"할 수 없지요. 뭐. 재주껏

실어보세요. 차를 돌려 와야 겠는데요” 슬금슬금 발걸음이 멀어져 간다.

“애들아! 차가 왔다. 준비해라. 잉”

“와아!” 함성이 어찌나 큰지 차를 가지러 가던 아저씨가 그 소리에 뒤를 돌아보기까지 한다.

“오 집사님하구요. 선생님들이 이거 몽땅 들고 이십 리 행군해야 된다구 했었거든요.”

“그리 할려구 생각했었니?”

“할 수 없잖아요.”

“그냥 놓고 가면 되지 뭘 그래.”

“안 돼요. 교회 살림인데. 나중에 또 써야 되잖아유.”

차가 도착하자마자 어찌나 번개 같던지. 눈치 볼 겨를이 없다. 저 아저씨 맘이 변하기 전에 실어야 한다. 쿵쿵거리는 심장들을 부여잡고 실어대기 시작한 짐은 그 아저씨가 화장실에서 나올 때쯤엔 이미 모두 차 내에 좌정하고 있도록 만들어 주었다.

“애들은요.”

“버스 안에 다 있습니다.”

“아이구머니! 좋습니다. 이것도 다 복이지요. 뭐. 지금까지 배운 운전 솜씨를 총 동원해 보겠습니다.”

“애들아! 니덜 짐 각자 맡은 것은 각자가 책임져야 된다. 한 개라도 잃어버리면 돌아가서 포복 그거 알지?”

“네 에!…”

　빨리 달리거나 덜컹거리면 아이들이 짐에 눌려 다칠까봐 그 우람한
아저씨가 어찌나 섬세하게 운전을 잘해 주시는지.

　"요즈음 많은 은혜를 받으시나 봐요?"

　"예에. 지난날은 너무 엉망이었습니다. 사랑의 그 빚을 갚는데 조금
이라도 일조를 하면 할렐루야죠. 애들아 고개 숙여라. 순경아저씨다.
이거 이삿짐 나르는 차는 아닌데."

　신호가 끝나고 지나치고 나면 차내는 찬양 소리로 창문이 깨어질 것
만 같다. 그러나 절제시키고 싶은 아무런 생각이 나질 않았고 입을 다
물 아이들도 아니었다.

　"석계역까지는 좋은데 그 다음엔 어떡하시렵니까?"

　"왜 걱정되세요?"

　"인간인 다음에야. 당연하죠."

　"아저씨 차가 너무 작아서 더 큰 차로 이동해야 할 것 같습니다."

　"거기에 마중 나오시는 분이 있나요?"

　"물론이죠. 아저씨가 말끝마다 찾으시는 주님. 그분이요."

　"하하하 전도사님도 재미있으셔. 근데 그 차가 뭐요. 트럭인가요. 제
가 끝까지 동행했으면 좋겠는데 남의 밥을 얻어먹는 신세라서. 사실은
지금도 많이 늦었거든요."

　"잘 알고 있습니다. 오늘 너무 너무 감사했습니다. 주님께서 다 갚아
주실 것을 믿습니다."

　"암요. 그런데 차는요? 마중 나오는 곳 가까이 까지 가죠."

　"다 됐습니다. 저기요. 저기 안에."

“저기 안에?”

“전철 있잖아요. 아저씨.”

“원. 세상에. 내가 부천까지 갈 수만 있었다면 좋겠구만. 전화 좀 해 볼까요?”

“아니, 됐습니다. 이것만으로도 너무 충분합니다.”

“전도사님 다 왔습니까?” 오집사님이 조급해 한다.

“예”

“얘들아! 이제 짐을 내린다. 10초 내로 실시!”

며칠 상관에 까맣게 그을린 어린아이들. 짐 속에 파묻혀서 보일 둥 말 둥하던 그 식구들이 번개 불에 콩 구어 먹듯 튀어나오더니 운전기사 아저씨와 몇 마디 주고받는 사이에 어느새 짐과 사람들이 몽땅 굴러 나왔다.

“잃어버린 거 없나?”

“네! 하나도 없습니다.” 완전 스파르타 군대식이다.

“거참. 빠르기는 되게 빠르네. 전도사님 그럼 승리하십시오.”

“감사합니다.”

정작 문제는 이제부터였다. 저 많은 짐을 들고 전철에 탈 수 있도록 허락이나 해줄는지가 의문이었다.

“너희들은 여기서 잠깐만 기다려라.”

단체 표를 끊은 후 검표원 앞으로 갔다. 저 많은 짐을 보면 기겁을 할 테니 무슨 수가 있나 생각하면서 말이다. 특별한 묘수도 없고 언제부터 들려있었는지 손에는 그 곳에서 떠온 약수통이 하나 있었다.

‘그렇지. 이왕에 여기까지 오게 해주셨으니 통과되는 것으로 믿고 감사한 마음으로 이 약수나 드리자.’

“안녕하십니까?”

“예에, 어서 오십시오.” 언어의 투가 뭔가 될 것만 같았다.

“단체인데요.”

“몇 명이나 됩니까?”

“여기요. 대부분 어린이들입니다.”

“어디 나들이 갔다 오나 보죠?”

“예. 수련회를 다녀오는 중입니다. 짐이 좀 있거든요.”

“전철 올 시간이 되었는데 빨리들 들어가라고 하세요. 아이들은 어디 있수?”

“예. 오고있는 중입니다.” 그러면서 손으로 신호를 보냈다.

“통과!”

“아니?”

“아저씨 걱정마세요. 알아서들 잘 합니다. 아저씨 혹시 약수드세요?”

“약주? 약주는 무슨 약주? 근무시간인데.”

“아니 약주가 아니고 약수요.”

“으응. 약수. 나쁠 거야 없지. 근데 뭔 약수?”

“여기 제가 수련회 장소에서 직접 떠온 약수인데 한 번 드셔보세요. 아주 좋은 거랍니다. 명산에서 가져왔거든요.”

“허허 이거 미안하게시리. 괜찮을까?”

“물인데요 뭐. 부담 갖지 마세요.”

"멀리서 가져오느라 힘 꽤나 들었을 텐데."

"저도 신혼시절에는 조기 부근에" 아이들이 통과하는 것과는 다른 방향을 가리키며 시간을 끌어야 했다.

"조기 부근 보이시죠? 빨간 건물 있는데. 그 뒤쪽에서 일년 반쯤 살았거든요. 친밀감이 들기도 하고요. 수년 사이에 꽤 변했네요?"

"하루가 다르게 변하지."

"갖다가 저녁에 드세요. 아저씨께 감사를 드립니다."

"감사는 무슨 감사. 근데 웬 짐이 그리도 많아. 잘 챙겨야 할 것 같으이."

"걱정 마십시오. 촌티는 나지만 일들은 아주 잘합니다. 감사합니다."

약수 한 통을 드리면서 이야기를 나누는 사이에 이미 모두 짐과 함께 굴러 들어갔다. 약속도 안 했는데 신호가 온다. 이미 상황이 끝났으니 들어오시라는 신호였다.

“너희들 가르쳐 주지도 않은 과목인데 진짜 빠르더라.

열차의 정차시간이 얼마 안되니까 속히 실어야 한다!”

곧바로 다가온 전철의 한 칸은 거의 독점을 하다시피 했다. 짐이 산더미처럼 쌓여들자 그곳에 있던 손님들이 하나둘씩 다른 칸으로 친절하게도 옮겨 주신다.

“니덜 졸지 마러? 맡은 짐들 잘 챙겨라. 스톱하면 번개작전! 알았지?”

피난 열차처럼 돼버린 여기까지는 좋았는데 중동 역에 도착을 하면 짧은 정차시간 안에 모두를 내릴 수가 없을 것만 같았다.

아무리 계산을 하여도 그 시간에 모두를 내린다는 것은 가능성이 보이질 않는다. 버스야 붙잡아 놓을 수도 있는 것이지만 전철의 뒷부분에 붙들려 있는 우리들이어서 잠시 쉬었다가 그냥 떠나가면 사람도 제대로 못 내리고 짐도 못 내리면 어찌할꼬?

“무슨 좋은 방법이 없을까?”

“전도사님 지금 와서 얘기지만 애초부터가 무리였습니다. 이게 말이나 됩니까?”

“서울에서는 안 되지만 여기에서는 될 테니 걱정 마십시오. 집사님.”

“하아, 못 말린다니까. 전 여기서 그냥 잠이나 잘렵니다.”

“서울에 왔으니 집 가까운데 내리셔도 좋습니다.”

“그렇다고 또 그러면 되겠습니까? 끝까지 마무리는 해야지요.”

‘정신없이 오기는 했는데. 무슨 묘안이 없을까. 지금까지도 재미있게 성공적으로 오게 해주신 주님. 생각에 지혜를 달아주옵소서’

아이들도 이젠 피곤한지 짐을 가슴에 앉고 품은 채 꼬박 꼬박 졸고들 있었다.

'그렇지!'

"볼펜하고 종이 좀."

"그게 무슨 글잡니까?"

"잘 보면 몰라요? 〈잠깐만 서 주세요. 짐이 아직 남았습니다. 모두 내리면 신호해 드리겠습니다.〉"

"무엇 하실려고 합니까? 무슨 글잔지 잘 알아보지도 못하게 써 가지구선."

"약간 못 알아보아야 정상이거든요. 내가 중동 역에 도착하면 뛰어가서 기관사 아저씨에게 이것을 보이면서 잠시 붙잡고 있을테니깐 속히 내리고 다 내리면 손으로 이렇게 수신호를 해 주세요.

아마 이 글자를 터득하실려면 시간 꽤나 걸릴거요. 볼펜이 말을 안 듣는 것도 알고 보면 복이라니깐. 집사님, 앞으로는 좋은 볼펜 좀 갖고 다니세요."

"알았심더. 성공이나 하이소. 미아들 만들어 놓지 말고. 요번 일만 성공하면 내 성화교회에서 부르기만 하면 만사 제쳐놓고 뛰어 올랍니더."

목적지에 다가오자 서로를 깨우기 시작했고 짐을 체크하고 비상을 걸었다. 이젠 사람들이 엉키어 있었기 때문에 우리 식구들을 훤하게 구분하기도 어려워져 있었다.

우려한 것은 바로 그 때문이었다. 한 칸을 독차지 했다면야 걱정할 아무런 이유도 없었던 것이다.

중동 역에 도착을 하자마자 맨 앞 칸으로 부리나케 뛰어 달렸다. 창문을 통하여 기관사 아저씨를 불러댔지만 들리지를 않는지 한동안 바라보지도 않는다.

창문을 두들겨 대자 그 때서야 뭔가 하고 쳐다보는 것이었다. 됐다 싶었다. 글씨를 쓴 것을 창문에 대었다. 그러나 엉성하게 씌어진 글귀를 알아볼 수가 없지 않은가? 앞으로 다가오지 않고 서야 읽어 댈 수 없는 것은 당연했다.

이상하게도 창문을 열어볼 수도 없도록 돼 있어서 한 참을 실갱이를 해댄다. 뒤를 얼핏보니 짐들이 쏟아져 나온다. 말이 잘 전달되지를 않아서 이젠 좀 더 알아볼 수 있도록 써야겠다고 생각해서 창에 대고 다시 써대기 시작을 했다. 무엇 때문이냐고 자꾸 물어오는 시늉이다.

이젠 내가 답답해 있는 중인데 멀리에서 이미 다 됐다는 신호의 손이 흔들거린다.

'휴우. 됐구나. 감사합니다.'

"됐어요. 됐어. 가세요. 빠이 빠이"

손을 흔들며 가라는 신호를 보내자 그것은 알아 차렸던지 그 육중한 열차가 서서히 움직이기를 시작한다.

"이제는 서두를 필요가 없다. 집에 다 왔으니까."

걸어서 십분. 이십 분. 몇 번씩 왔다 갔다 한들 어쩌겠는가.

"재미있는 수련회였심더."

"수고하셨습니다."

그 뒤부터 오 집사님은 도저히 안 될 것만 같은 행사라면 더욱 더 만사 제쳐놓고 달려오시곤 하였다. 그러면서 "새로운 추억거리들을 쌓아 주셔서 고맙다" 하곤 한다.

<blockquote>
내 형제들아 너희가 여러 가지 시험을 만나거든 온전히 기쁘게 여기라
이는 너희 믿음의 시련이 인내를 만들어 내는 줄 너희가 앎이라(약1:2-3)
</blockquote>

47. 아무리 환경이 아름다워도

늦게 간 군 생활이 아름다운 추억으로 남을 수 있었던 것 중의 하나 는 외딴 섬에서 파견 근무를 한 덕택이다.

게다가 대부분 해변지역을 돌며 지낼 수가 있던 덕분이다. 의무대에 있었기 때문에 윗사람들의 직접적인 간섭이 별로 없었기에 더욱 자유 로울 수가 있었다.

남들이 기피하는 군 생활을 사병으로 지원하게 된 것은 사회생활에 서 지친 몸과 마음을 군에서 잠시라도 쉬어 보자 하는 마음 때문이었 다. 좀 아이러니하게 들릴 수는 있겠지만 그 마음의 소원대로 이루어져 갔다는데 늘 감사함을 돌린다.

일차적으로는 신체를 좀더 든든히 다듬고 싶었고 졸병 생활이란 것 이 별다른 책임 없이 지낼 수 있을 것 같아서 마음과 머리의 휴식에는 좋을 것으로 보여졌다.

그리고 축복이 주어진다면 틈나는 대로 영어 공부나 할 수 있었으면 했는데 그 모든 것을 얻을 수 있었다고 본다. 먹여주고 입혀주고 재워주고 그리고 해야 하는 일들이 부담스런 것도 아니었다.

여유 있는 공간 속에서 글들도 간간이 쓸 수 있었으니 얼마나 고마운 일이겠는가. 군 생활이라는 것이 억압적 인상을 받기가 쉬운 것이지만 애시 당초 지원하는 마음으로 가고 보니 그 속에서의 자유함을 만끽할 수 있도록 환경이 만들어진 것이다.

지금도 군 선교를 정기적으로 하면서 그 때를 회상하고 군 생활이 결코 젊음을 낭비하는 세월이 아니라는 것을 강조한다. 억지 봉사에서 자원하는 마음으로 바뀌어질 것을 설교하고 있는 것이다. 그러면 그렇게 변화될 것도 믿기 때문이다.

민간인 출입이 금지되어 있는 해변은 실로 아름다워서 사계절을 바꾸어가며 치장하는 자연의 변장술은 그 풍치들을 놓치기가 아까운 것들을 너무나도 다양하게 소유하고 있었다.

이 모든 환경들이 일반인들에게 공개되어 사용될 수만 있다면 얼마나 좋겠는가. 묻혀 있는 보화와 같아서 초소를 방문할 때마다 늘 아깝다는 생각이 들곤 하였다.

아무리 감정과 감각이 무디어도 시상이 절로 떠오를 수밖에 없는 너울거리는 저 물결들과 넘실대는 빛들의 잔치며 황금색으로 붓질되어가는 저녁노을 그리고 그 모든 것을 어깨 곁으로 뒷받침하는 해변의 늘어진 모습들.

셀 수조차 없이 많은 게들의 합창과 저들의 체조하는 모습들. 황금빛에 물들어 보고자 하늘로 치솟는 숭어떼의 율동이란 하나님 주신 감추어진 또 다른 땅이 있구나 하고 찬탄을 금할 수 없도록 만드는 것들이었다.

해변을 넘어 민간인이 하나도 없는 우리의 외딴 섬은 더욱 멋스럽기만 하다.

그곳에 살면서 푸른 제복의 감정 없는 마음들이 모여 있는 것만 빼놓는다면 가히 환상적이란 언어에 조금도 상처를 줄 일이 없는 빛나는 아름다움 그 자체였다.

가느다란 모래 해변이 폼을 잡고 있고 자갈자갈 구르는 돌아가는 길녘이며 망둥이조차 대접받는 그 섬은 칡넝쿨이 있어서 숲이요, 쉴만한 나무 그늘이 있어서 한 낮에도 두려울 것이 없었다.

아침결이 상쾌하고 저녁놀이 인생을 이야기하는 그 곳은 아름다워서 마음이 시리도록 아름다워서 그것을 다 즐길 수 없는 것이 두려움 그 자체였다. 그 아름다움은 나눌 수 있어야 하는데 남북통일만 된다면 이런 곳들이 모두 개방이 될 터인데.

다만 함께 향유할 수 없는 아름다움 그것이 우리를 더욱 고독하게 만든다. 머나먼 곳에 있을 민간인의 한 모습을 보기 위해 휴일을 맞이한 군인 아저씨들은 북녘을 바라보아야 할 성능 좋은 망원경의 방향이 오늘도 그 민간인들을 한 번이라도 더 보자하고 방향이 바뀌어져 간다.

사랑하는 자와 함께 있지 못하는 아름다움이란 우리를 어찌나 고독하게 만드는 것인지.

48. 멀미 자매의 21시간 뱃길 선교

어머니의 차멀미를 늘 생각나게 하는 자매가 있었다.

어머니께서는 시골에서 천안까지가 사십 여리 남짓 되는데도 차멀미 때문에 장날에 시장을 보러 가시려면 차라리 걸어서 다니시던 분이셨다. 차로 가면 도로사정이 좋지 않을 때에도 사십 여분이면 갈 수 있는 거리였는데 여인네 걸음으로는 빨라도 대여섯 시간씩이나 걸리는 거리를 그 길을 차라리 왕복으로 걸어 다니시던 어머니이다.

그러니 멀미라는 것이 얼마나 고통스러운 것인가를 짐작하게 해 준다. 완도에서 올라온, 아주 믿음 안에서 신실한 자매가 있었는데 종로에서 전철을 타고 부천까지 와도 멀미 때문에 꼼짝을 못하는 그런 자매였다. 그의 어머니도 그랬고 모전 여전으로 그 딸도 그래서인지 학창시절에도 소풍을 갈라치면 멀미 때문이라 하면 아예 제쳐놓는 정도로 심한 멀미를 하고 있었다 한다.

그 자매의 어머니가 한번 서울로 오셨다하면 그것은 보통의 사건이 아니었다. 어느 차편으로 오시던 적어도 삼일 정도는 누워서 멀미를 달래야 했고 그 딸 역시 유사한 짐을 지고 있는 닮은꼴이었다. 하물며 배야 오죽하겠는가.

그런데 배를 타고 일본 선교를 가는데 동참하겠다고 한다. 부산까지 열차로 한나절을 간 후 부산에서 배로 스물 한 시간은 꼬박 가야 목적지의 항구에 도착을 할 수가 있는데도 말이다.

또한 선교지에서 얼마만큼을 움직여야 할지에 대해선 미지수이다. 선교하다가 멀미로 죽었다는 소식이나 안 오면 다행일진데. 기도로 시작한 선교단원의 활동으로부터 함께 있었기에 물러설 줄을 몰라 한다.

중요한 것은 그러한 그녀가 부산을 거쳐 오사카를 오직 배로 왕복하

며 다시 교회에 와서 귀국 감사 예배를 드릴 때 까지도 전혀 멀미를 하지 않았다는 사실이다.

"멀미랑게 무어더냐? 내가 이러코롬 멀쩡한디."

그런데도 언제 그랬느냐는 듯이 서울만 갔다 오면 헤롱헤롱 꿈쩍을 못하고 신음소리를 또 내는 자매님이다.

49. 여자에게 비밀이?

목회선상에서는 남자보다도 여자들을 대할 때가 평균적으로 보아 많다. 교회 성도의 구성 비율이 여성이 많으니 당연하다 하겠다. 그러니 여성에 대한 여러 가지들을 원하든 원하지 않든 익힐 수밖에 없고 또한 그렇게 되어져 가는 것을 발견하게 된다.

여인네들의 섬세함 속에서 이루어져 가는 역사와 연약함 속에 깃들어 있는 강건함, 어리석은 것 같으나 살길을 헤쳐 가는 상큼한 지혜와 여인네들 간에 이루어지는 우정과 갈등 그리고 앞서가기 위한 저들 나름대로의 방법,

또는 목회자의 사랑을 받아내려는 시기심의 발로 등등.

장단점을 익혀가며 목장을 일구어 간다.

그 중의 하나가 비밀이란 문제이다. 여성들 안에서 진정한 비밀이 존재하는 것일까? 이일을 빨리 파악하지 못하고는 진전하여 나가는데 그만큼의 걸림돌들도 발견하게 될 것을 의심하지 않는다.

"목사님 이건 꼭 비밀인데요……. 목사님 이건 아무한테도 말하시면 안돼요. 비밀이라고 했거든요. 이건 목사님한테도 얘기하면 안 된다고 한거거든요……."

수없이 듣던 이야기의 변형된 언어들이다. 잘못 입을 열었다가는 콩알 만한 것이 며칠 상관으로 눈 덩이처럼 되어서 돌아올 것이 뻔한 것들이다.

그러나 가끔은 입에 꼭 담아둘 수 없는 것도 축복이라고 생각을 한다. 그래서 일거리가 만들어지고 변화를 가져올 수 있게 해주니 얼마나 기특한 일인가.

그런데 잠시 깜박하고 지나쳐 버린 일이 생겼다. 교회 일 같으면야 습관적으로라도 피할 길을 찾는 언어가 사용되었을 텐데.

미국에서 살다가 이십 여 년 만에 잠시 고국을 방문한 친구를 만나서는 잠시 망각 증세를 보인 것이다. 시골에서 함께 자란 여자 친구가 있었는데 어느 날 미국으로 시집을 갔다는 소리는 오래 전에 들은 바였다.

그런데 아주 오랜만에 고국을 잠시 찾은 것이었고 어떻게 연결이 되어서 지난 얘기며 신앙 이야기들을 할 수 있는 시간을 갖게 되었다. 어렸을 적 기억으로 한국적 스타일이어서 아주 가냘픈 모습이었었는데 이십 여 년 만에 본 첫 모습은 좀 달랐다.

아메리칸 스타일로 완전히 바뀌어져 있는 사고와 직선적 언어들 그리고 외적 모습까지도 서구인 같이 보였다. 그것이 첫 인상이었다.

뒤에 그 친구와 연락이 되는 다른 친구들과 연결해 주는 중에 지나가는 말로,

"그 애 예전엔 날렵했던 것 같은데 많이 풍성해진 것 같더라."하고 생각 없이 던진 언어가 체크가 될 줄을 누가 알았으랴. 여자들의 귀에는 그런 언어들이 잘 잡히는지. 말을 하고도 또 한마디 거들기를

"그래도 그런 말은 하지 말고 한 번 만나보렴. 멀리서 왔으니 또 곧 떠나려고 하는 것 같더라." 하였는데 수많은 언어들 중에 그 말만이 뽑혀져 버렸다.

"너 기환아, 아니 목사님. 너 OOO한테 내가 아주 뚱뚱해졌고 못생겨졌다고 했다면서?" 식식거리는 콧바람 나는 소리가 전화기 속에 가득해 보인다.

'이건 또 무슨 말이냐

"하하 이 아가씨 좀 봐라. 그런게 아니고……."

“아니긴 뭐가 아녀. 내가 옛날에는 이쁘고 날씬했는데 지금은 뚱뚱하고 밉게 변했다고 하더라는데.”

그때만은 한국말이 그렇게도 빈틈없이 잘 돌아갈 수가 없어 보인다. 가끔 섞어대던 영어도 몽땅 빠져버린 채.

이젠 나이가 사십이 넘었건만 그래도 예쁘다고 하는 것이 좋은가 보다.

어느 연로하신 목사님 왈,

“할머니 집사님, 권사님을 할머니로 대하시면 큰일 납니다. 할머니도 여자는 여자거든요. 이 말 명심하세요.”

아마도 그 목사님. 몇 십 년 만에 만난 여자 친구보고 꽤나 늙었다고 한마디 던졌다가 혼 줄이 난 것이 분명해 보인다.

50. 예수 그리스도의 5초 대기조

교회와 한 몸이 되기를 원하시는 주님은 외적인 모습부터 다듬기 위해서인지 교회의 한 모퉁이를 처소로 삼도록 강권하셨다. 초기의 힘겨운 개척시절!

인간적인 외적 환경은 소유물의 모든 것을 교회를 위해 사용하고 나니 남은 것이 없게 되었고 어쩔 수 없는 형편 속에서 이루어져 가는 과정이다. 그러한 가정의 환경은 주님을 붙잡지 않으면 견딜 수 없는 시간 시간들이라 여겨진다.

시도 때도 없이 드나드는 사람들.

자기의 비위를 따라 활용하는 성도들.

목회자의 사적 환경을 형사 콜롬보처럼 파고 들어오기를 주저하지 않는 교인들.

어느 목사님이 천국에 가면 제일 먼저 하고 싶은 일이 무어냐고 물으니까 만사 제쳐놓고 일만 시간 동안만 잠이나 푹 한 번 자보았으면 좋겠더라고 하더니.

깊은 잠을 마음대로 잘 수 있는 것은 희망 사항에 불과한 그림의 떡이다.

먹고 마시고 입고 생활하는 모든 것이 노출되어 있어서 모두가 체크의 대상이 되는 것이다. 한마디의 언어에도 신경을 쓰지 않을 수가 없어서 아무도 없어도 누군가가 함께 있는 것으로 하고 대화가 이루어져야만 한다.

특히 손님이 찾아 왔을 때 이미 저들은 방 앞에 와 있는 것이 되어서 무엇을 꾸리고 말고 할 시간적, 공간적 여유가 없다.

일반적인 집 같으면 밖에서 인터폰을 하면 문을 열고 나가기까지의 시간적 여유라도 있겠건만 교회와 붙어있는 생활공간은 주인이 허락을 하든 않든 방문자는 이미 문 앞에 와 있는 것이다.

그리고 성도들은 목회자는 항상 정장을 하고 맞을 준비를 하고 있는 것으로 생각을 하고 있는 것 같다. 예고 있는 방문을 기대하는 것은 너무나도 동떨어진 언어에 속한다. 목회자의 생활과 상관없이 준비 없는 몸으로 마중을 하면 방문자를 시험 들게 하는 통로와 같다.

그리고 마음을 다하여 정성으로 기다리는 손님을 시간 간격을 두고 기다리게 하는 것도 예의가 아니라고 방문자는 생각을 하고 있을 것이다.

그것은 이른 아침이 되었든 일과 시간이든 또는 하루가 끝이 난 한밤중이든 상관이 없는 것이다. 항상 만날 수 있으리란 기대감으로만 찾아 왔지 '목사님이 지금 무슨 시간 속에 무엇을 하시고 계실까' 에 대해서는 생각이 형광등이다.

그래서 마음이 항상 5분 대기조보다 빠른 5초 대기조로 있어야 한다. 세상에선 5분 대기조라 하기만 해도 번개처럼 빠른 출동조로 인정을 하는데 방문 앞에 이미 와 있으니 거기서 5분씩 기다리게 할 수는 없는 노릇이 아닌가. 그래서 그리스도 안에서는 5초 대기조가 되어야 한다.

"목사님. 저 왔어요." 하면

"아이쿠 김 집사님 오셨군요. 나갑니다."해야

"안녕하세요." 소리가 나오지,

"잠깐만 기다리세요."하고 일이 분이 지나면 입이 벌써 반쯤은 삐뚤어져 있는 것을 발견해야 하는 것이고 그러다 보면 그날 상담은 절반 끝이 난 것이나 다름이 없다.

그래서 아내 된 자는 생각다 못해 5초 대기형 바지를 개발했다. 곧 잠자리에 들면 잠옷이 되고, 입고 나가면 평상복이 될 수 있는 외관상 시야에는 용도가 발견되지 않는 다양성 편의 복이다.

문밖으로부터 부름 받은 후, '예-' 소리와 함께 옷을 걸치고 나가면 일이초가 남는다. 성공작이다.

그 중에 목사님은 나머지를 준비하면 되는데 남자의 복장은 간편한 것 같으면서도 복잡해서 와이셔츠의 단추를 잠그고 넥타이를 매는 것이 잘 되는 날은 초스피드로 하여 시간 안에 뒤따라 나갈 수가 있지만, 경우에 따라서는 단추의 앞뒤가 잘못 꼬이고 넥타이의 모습이 분명히 잠자다 나온 모양을 티 나게 해 주는데도 모양을 갖추지 못하는 것이다.

그럴 바에야 와이셔츠를 입고 자자. 그리고 넥타이는 풀어놓을 필요가 있겠는가. 목에 걸치고 올리기만 하면 되지. 그렇게 동그랗게 잔뜩 걸어놓았다.

"나가서 한 번 찾아와 봐. 몇 초나 걸리나 보게."

일어나는데 일초, 바지 걸치는데 2초, 넥타이 매는데 일초, 윗도리 걸치는데 일초 Ok! 그러면서 거울보고 한 번 쓰다듬고 나가면 Ok이다. 할렐루야.

역시 하나님의 군사는 세상의 군사보다는 빨라야 하는가보다.

| 시 한 편과 함께 |

어린 초상

51. 그래도 고향이 좋아

52. 중국에서의 추석

53. 기도하자 망하기 시작하다

54. 심을 기회를 주시는 주님

55. 세느강의 미모와 한강의 미모

56. 쌀밥 계세요?

57. 레이디 퍼스트의 축복

58. 검은 손에 놀란 해녀 아주머니

59. 오줌싸개 동상을 찾아가는 이유는?

60. 눈물짓는 선교사

어린 초상

(크리스챤문학상 신인상 당선작)

어린이 이고 싶어라
환상 빛 열차에 몸을 싣고는
갈곳 몰라도 달려가는
어린이 이고 싶어라

어린이가 되고 싶어라
솜사탕 입에 물고 마냥 즐거운
그래도 한 손엔 핑크 빛 솜 사랑
어린이가 되고 싶어라

어린이로 남고 싶어라
무지개 궁전에 왕자 공주 되어서
종이배에 몸을 싣고 달려가는
어린이로 남고 싶어라

작은 일에 커지고 그림 속에 살 수 있는
天國의 그런
어린이 이고 싶어라.

51. 그래도 고향이 좋아

머나먼 나라에서 오신 검둥이 목사님들과도 제법 친해져서 헤어진다
는 것은 눈가에 눈물을 짓게 하는 일이었다. 송별회를 몇 차례나 이름
을 달리하며 가지게 되었는데 그 때마다 짓궂게 꼭 물어보는 것은,

"꼭 가야합니까? 여기가 더 좋을 텐데요."

대답은 한결같이.

"가야지요. 마음이 설레는 걸요. 집사람도 보고 싶고 아이들 하나,
둘, 셋 ……"

그만 세어도 될 숫자를 일곱까지는 꼬박 세면서 아이들을 생각해 내
는 것 같았다.

얼마 후 돌아갈 손길에 담아갈 선물을 챙기며 준비하는 모습이 사뭇
아름답기만 해 보인다. 아프리카의 그곳은 우리나라에 비해 삶의 모든
부분에서 확실히 비교할 수 없을 만큼 뒤떨어지는 고달픈 지역이다.

이곳에서 서운할 것도 없고 매력이 있는 부분들도 꽤 많았겠지만 그
들의 마음 깊숙한 곳까지 이곳에 잡아 놓을 수는 없는 모양이다.

"할 수만 있으면 기회 되는대로 사모님과 가족들을 차라리 이곳으로
불러들이면 될 터인데 왜 그리도 서두르시나요?"

"고맙습니다만 우리에겐 아프리카의 그 넓은 평원이 더 좋습니다. 그
리고 잘 어울리고요."

그 대지를 바라보는 모습은 이미 마음이 고향에 가 있는 듯 하다.

"여기가 먹는 것 입는 것 자는 것 등등 모두가 확실히 좋은 조건을 갖고는 있지만 하나님께서 인간을 만드실 때 배부르고 기름지고 뒹굴 수 있는 처소가 있다고 해서 만족을 불러들이도록 만드시진 않은 것 같습니다. 우리는 떠납니다. 그 동안 고마웠습니다. 편지 할께요. 나중에 사모님과 함께 꼭 우리의 땅을 방문해 주십시오. 신세진 것 조금이라도 갚을께요."

검은 얼굴에 감도는 기쁨을 더 이상 빼앗으려 한다면 주님이 기뻐하시지 않을 것 같았다.

"우리는 아프리카의 대륙을 통하여 하실 일들을 주셨습니다. 목사님께서는 여기에서 하실 일들이 있는 것 처럼요. 먹고살기 좋은 곳을 찾아 헤매는 어리석은 사람들처럼 되지는 말아야 겠지요? 그분의 일을 이루

어 가는 자리를 찾아가는 것이 진정 지혜 있는 자가 아니겠습니까?"

우리를 부끄럽게 하기에 족한 교훈과 함께 사역지에서의 만남을 약속하며 헤어져 갔다.

하나님께서 이 땅에 보내신 진정한 목적을 찾으며 헌신하기보다는, 먹고 마시고 거하기 좋아 보이는 이기의 지역을 찾아 허덕이는 자칭 그리스도인들이 난무하는 이 땅을 파헤쳐낸 저들의 눈동자였다.

소돔과 고모라의 타락상을 꿰뚫지 못하는 시야는 여호와의 동산 같고 애굽 땅과 같은 물이 넉넉한 곳으로 향하여 질주하기를 주저하지 아니하며, 몇 푼의 동전을 긁어 쥔 부요가 하나님의 축복인양 착각하고 이를 자랑하고들 있지 않은가.

떠나는 저들은 우리의 그 삐뚤어진 일부의 속성을 좀 더 깊숙이 꿰뚫어 보고 있었던 것이다.

우리의 존재 이유는 그 분으로부터 철저히 쓰임 받기 위해서이지 세상에서의 낙을 즐기기 위해서는 아닌 것이다.

52. 중국에서의 추석

예배 중에 조는 성도들이 생기거나 지루해하는 성도들이 보일 때마다 생각나는 곳이 있다.

그것은 1995년의 가을 중국에서 지낸 추석이다.

중국은 경제적으로는 대부분이 개방적이지만 정치적으로는 아직도 공산주의임에 이의가 없는 곳이다. 그러므로 신앙에 있어서도 부자유할 뿐 아니라 간접적인 선교들도 언제든지 제약을 받을 소지를 안고 있다고 볼 수 있는 곳이다.

중국에서 온 적지 않은 사람들이 우리 교회에 출석을 하고 있었기에 그들의 고향을 향하여 심방을 하기로 하였다. 한족의 가정들과 조선족 중에서도 방문해야 할 이유들이 생겨서 더 이상 미룰 수 없는 여건이 되었다.

그간 왕래가 없어서 그토록 멀어만 보이던 심양 까지는 몇 시간도 채 안되어서 도착을 했건만 그곳에서 하얼빈을 거쳐 목단 근처의 해림까지 가는데는 열아홉 시간의 장시간에 걸친 야간열차를 이용하게 되었다.

일행 중에는 육신의 연약함으로 고생하는 사람들이 있어서 인간적인 염려가 앞섰었지만 치질로 고생하던 자매조차도 선교의 모든 일정이 끝날 때까지도 기적같이 고생에서 해방을 시켜 주셨다.

심양역에서 열차에 오르자마자 한 형제의 지갑이 털리는 불상사가 있었지만 은근히 불이 당겨지기 시작한 찬양의 소리가 열차 안의 전 공간을 사로잡는 기쁨 속에서 불쾌했던 모든 것들을 씻어버릴 수가 있었다.

우리가 "예수님을 찬양합시다!"하고 언어로는 전할 수가 없어도 "예수님 찬양! 예수님 찬양! 예수님 찬양합시다!"의 복음 송을 불러댄들 저들이 제약할 아무런 요소도 발견을 못하고 있는 것이었다.

처음 장거리를 이동하는 - 목단에서 북경까지는 30시간 소요되었지만 - 열차 안에서 그냥 무료하게 있는 다는 것은 참기 어려운 고문과 같을 것임에 틀림없으니 이를 달래기 위하여 인내력이 부족한 젊은이들의 입을 통하여 기타와 복음송이 어울어지기 시작을 하였고 말은 잘 통하지 않지만 어차피 장거리 여행에 지루해지기 쉬운 공간은 금방 동요되기 시작하였다.

우리끼리의 찬양이 쉬운 곡으로 시작하여 서로에게 전달이 되었고 열차의 객실은 순식간에 하나가 되어 버렸다. 놀라운 것은 우리도 잘 익히지 못하고 있는 〈Hand in hand, 손에 손잡고〉의 올림픽 송은 우리보다도 저들이 더 잘 알고 있었다.

사람들이 몰려들자 은근히 걱정이 되기도 하였다. 서로가 잠잠하기를 권하지만 오히려 저들이 부추겨 대는 것이었다. 즐거우니 함께 놀며 가는데 어떠냐는 것이다.

우리는 선교의 문도 열지 못한 채 문제가 생길까봐 조심조심하는데 저들은 도리어 걱정 말고 자신 있게 해 보라 한다.

이제는 우리를 바라보기 위하여 의자마다 올라서 있는데에다가 짐을 싣는 짐칸에까지 사람들이 올라가 있어서 약장수 구경하는 모양이 되어 버렸다. 한참을 지나서야 공안원들이 지나가기도 하였지만 구경꾼들이 뭐라고 한참을 설명을 하며 피할 길을 만들어주어서 그냥 보내는 것이었다.

나중에는 저들이 들어 올 수조차 없도록 실내 공간이 함께 어울리는 사람들로 가득 차 버렸다.

결국은 우리가 외국인인 것이 들통이 나서 오 백원(한화 오 만원)의 추가 요금을 낸 것을 제외하면 아무런 탈이 없었다.

이 모든 광경을 처음부터 지켜보던 조선족의 한 청년은 조선민족의 기개를 높여 주어서 감사하다는 서신을 즉석에서 써서 편지로 우리에게 전해주기까지 하였다.

중국에서의 교회들을 맞으며 처음 걱정한 것은 그 교회들에서 복음을 마음껏 전할 수 있겠느냐하는 것이었다. 그러나 우리의 염려와는 달리 중국에서 만난 현지인들은 오히려 뜨거움에 달아 있었고 강단을 마음껏 사용할 수 있도록 허락하여 주었다.

처음 만난 지하 교회에서부터 문이 열렸으므로 자신감에 담력을 불어주었다. 교회에 대한 여러 가지 정황은 한국에서 이미 들은바가 있는 것들이었다.

한국에 나와 있는 조선족 중에 다니던 지하교회에서 철야기도회를 인도하는 것을 시작으로 일과는 진행되었다. 처소교회에서든 지하교회에서든 아니면 삼자교회에서든 저들에게는 우리의 것들이 모두 새로울 수밖에 없는 것들이었다.

첫째는 외국인이요, 아직도 제대로 보급되지 않은 복음송이며 율동 등은 처음 대해보는 사람들이 많았다. 무엇보다도 그 넓은 흑룡강성 전체에서도 목사님이라는 이름의 주의 종을 만나기가 쉽지 않아서 집사님들이 교회를 인도하고 있는 상태였기 때문에 목사님을 만난 그것은 그 자체가 기쁨이 될 수밖에 없었다.

"어디서 오셨습니까?"

"가까운데서 왔시오."

“얼마쯤 걸립니까?”

“기차 타고 세 시간 왔시오.”

“그게 가까운 겁니까?”

“가깝디요. 목사님 만나러 온디 그게 뭐 멀기요.”

시간 거리 개념의 차이는 대륙적 기질을 이해하지 않고는 와 닿지 않는 언어들을 발견해 가게 해준다.

우리의 추석은 그들에게도 명절이었다. 우리가 만드는 떡을 만들고 가족이 함께 즐기는 명절인 것이다.

“목사님 이번엔 00에서 말씀을 전하실 수 있겠습네까?”

“우리야 얼마든지 좋지만. 명절이라서 모일 수 있을까요.”

“걱정하지 마시라요. 동네가 뚝 떨어진 00로 정했습네다.” 총 집사님의 의지는 대단했다. 처음 만날 때의 경계하던 언어나 모습과는 사뭇 달라져 있었다. 그곳에도 이단들이 먼저 침투하고 있어서 만나자마자 여러 가지를 꼬치꼬치 물었던 것을 사과해왔다.

“이제는 마음이 통했으니 마음껏 하시라요. 여기는 내레 책임집네다.”

이북의 언어가 처음에는 거칠어 보여서 거슬렸지만 자꾸 듣다보니 나름대로 친밀감도 생겼다.

“우리야 아예 목숨을 내놓고 다니는 사람들이지만 괜스레 이곳에 피해를 줄까 걱정이 됩니다.”

“저희도 이미 모가지는 하늘에 달아 놓았습네다. 하나님 말씀 듣고 가는데에야 하나님 칭찬 안 하시겠습네까. 저 그래도 몇 번이나 잡혀 들어 갔었습네다. 걱정하시지 말기요.”

"할렐루야. 목숨 내 논 사람들끼리 만났으니 한 번 해봅시다."

오전은 처소교회 몇 곳을 들른 후 본격적인 모임은 외떨어진 곳을 통하여 오후 시간에 갖기로 하였다.

폐차 직전의 부릉거리는 차를 몰고 한참을 달린 곳에 도착한 교회에는 벌써부터 좁은 공간을 이름 모를 성도들로 가득 메우고 있었다.

찬양을 하는 동안, 설교를 하는 동안 저들의 시야가 흐트러지는 것을 발견할 수가 없었다. 오히려 한곳에 모아지는 초점들이 무엇이라도 꿰뚫을 것만 같아서 눈이 시리기까지 했다. 게다가 시간을 훨씬 초과하였음에도 집에 갈 줄을 몰라 했다.

그러자 총집사가 일방적으로 광고를 하고 강제로 해산을 시켰다.

"이만 집에들 가시라요. 저녁 8시에 다시 모입세다."

점심시간이 좀 지난 시각에 시작한 모임이 끝난 시간이 다섯시경이었는데 집에 갔다가 다시 저녁에 온다는 것이 가능할까. 지루해하지나 않을까 교통편도 마땅치 않아서 대부분이 걸어 온 것 같은데 게다가 추석인데 쉬라고 하는 것이 좋지 않을까 싶기도 하였지만 저들의 열성에 굴복하고 말았다.

"우린 계속 있어도 좋습네다. 다만 멀리에서 오신 손님들이 시장하고 여행 중에 힘드실 것 같아 저녁에 다시 모이라 하였습네다."

한국에서였더라면 하필이면 왜 추석이냐. 오늘만 날이냐 하겠지만 불평의 한마디도 들려오질 않는다.

저녁시간에 몇이나 나오겠나 했는데 이번에는 낮 시간보다도 더 많은 인원들이 참석을 하였다.

저들에겐 추석이 문제가 되는 것이 아닌상 싶었다. 갈급한 심령 위에 내려지는 단비 그것을 갈구하고 있었던 것이다.

풍족함 속에서 열정이 식어 가는 한국 교회의 모습들이 눈에 들어온다. 인간은 배불러지면 나태해지도록 되어 있는 것인지.

일찍 끝을 내고 돌아가서 가족들과 함께 시간을 보내는 것이 어떨까 하는 것은 한국적 사고방식에 속하는 것이지 저들의 원하는 바는 아닌 것이었다.

밤 11시가 되어도 돌아갈 줄을 몰라 한다. 밤이 맞도록 시간을 가지면 더 좋으련만 그러나 아직은 신앙의 자유함을 만끽할 수가 없으니 내일을 위하여 지혜를 구하여야 하지 않겠는가.

불필요한 핍박을 불러들일 소지를 없애는 것이 옳다고 보여져서 강제로 해산시키기로 하였다. 아마도 내일의 약속을 하지 않았더라면 저들은 밤이 맞도록 그곳에 머물러 있을 심사들이었다.

그 뜨거운 눈동자의 사모하는 마음들이 강단에 설 때면 아른거려오는데…….

주일이란 분별된 날에도 이일 저 일로 핑계 대며 하나님 전을 멀리하는 성도들이 좌석에서 보이지 않을 때마다 가슴이 아려온다.

53. 기도하자 망하기 시작하다

신앙의 세월은 있는데 신앙의 모양은 중구 남방인 청년이 사택에 들어왔다.

목사님이 사저에 계신 것을 모른 채 늘 하듯이 언성이 높아져 간다.

"사모님 그때 잘 망했습니다. 망해서 잘 됐어요."

"… …."

"그거 그거 있잖아요. 술장사 하던거. 몇 백 만원 손해를 보긴 했지만 그 때 망하지 않았다면 오늘날의 제가 있었겠습니까? 그거 기도해 주셔서 잘 망한 겁니다."

집사님 한 분의 자녀들이 모두가 한 가족이 된 가운데 한 일터에서 공동으로 일을 하는 사업장이 있었다. 큰 아들은 사장 둘째 아들은 부사장 셋째는…, 막내는…

그런 식으로 모두 달라붙었으니 온 가족의 생계가 달려있는 사업장이었고 나름대로 어려움을 헤쳐 가며 잘 일구어 가는 기업이었다.

그런데 신앙은 그 어머니 한 분만이 좀 신실했고 나머지는 그저 일들에만 매어 달린 일 벌레들과 같았다. 가끔 사업장을 심방 해 보면 어머니도 잔일들을 거들고 계셨는데 나이 드신 중에도 도우시는 그 모습이 보기가 참으로 좋아 보였다.

그런데 문제는!

그들이 하는 업종이 마음을 편케 하는 것이 아니라는데 있었다. 수출에 비중을 많이 두는 것이었긴 하지만 동물들이나 여러 형상들을 만드는 그런 주물의 한 분야를 담당하고 있었다.

좋은 기술과 수고가 하나님의 영광을 위한 쪽으로 바뀌면서 물질의 통로가 열리게 할 수는 없을까 하는 새로운 마음의 기도 거리를 제공하고 있었다. 신앙이 무엇인지도 잘 모르는 저들에게 설명을 한들 아무런 효험도 없을 것 같고 어미 된 집사님은 그저 무엇이 되었든 평탄한 것만을 우선으로 하면서도 가족 구원의 역사와 사업의 진전을 위하여 기도 부탁을 하곤 하신다.

분명 저들이 만들어 내는 그 큼직한 상품들은 우상단지들이었다. 사업이 잘 되도록 한다는 것이 무엇을 의미하겠는가. 그러나 성도의 사업장이 망해서 고통 속에 들어가기를 원하는 목자가 어디 있겠는가.

다만 저들이 속히 깨닫고 주님 앞에 돌아오며 동일한 기술과 노력으로 할 수 있는 상품이 변경되는 업종의 전환이 있어지기를 교회에서는 기도를 할 뿐이었다.

시간이 지날수록 기업이 점점 쇠퇴되어 가고 축소되기를 시작하는 것이었다. 우리가 바라볼 때는 너무도 감사한 일이었지만 그저 자금에 허덕이는 것만 바라보는 시야는 좀 달랐다.

그러한 것들을 설명하였을 때 그들 중 막내 형제만이 깨닫고 이해를 하며 기도 속에 동참을 하게 되었다.

결국 그 사업장은 일차적으로 쉬운 언어로 '폭삭' 망하게 되었는데 몇 날이 안 되어 동일한 주물의 업으로 산업의 기초재료를 생산하는 품목으로 전환이 되었고 그 모든 것들이 주님과 함께 하기를 소원하는 막내의 손으로 넘어오게 되었다.

아직도 하나님을 등진 채 방황하는 형제는 사업장도 그렇게 방황하여 갔지만 주님 품에 든 형제는 날마다 일거리가 늘어나고 일하는 일꾼이 증가하고 손발이 시커멓도록 하루가 바빠 있는 일터로 변화 시켜주신 것이다.

주님은 우리가 그분을 향하여 변화가 되고 그리고 풍성해 지시기를 오늘도 원하고 계신 것이다. 이제는 기업의 번창을 위하여 기도하기에 걸림돌 되는 것이 무엇이 있겠는가.

만일 네가 마음을 바로 정하고 주를 향하여 손을 들 때에 네 손에 죄악이 있거든 멀리 버리라 불의로 네 장막에 거하지 못하게 하라(욥11:13-14)

54. 심을 기회를 주시는 주님

한 동안 무슨 일이 있었던 것처럼 잘 찾아오지도 않던 이웃집 집사님이 저녁 무렵이 되어서 놀러 오셨다.

남편의 도박으로 인해서 과거의 안정적 살림이 일그러져 있고 게다가 딸들 중의 하나는 신학대학교에 다니는 그런 집의 집사님이었다. 월

세 살이에다가 살림을 하랴 학비를 대랴 늘 찌들어 있어서 온갖 궂은일
들을 다 맡아서 하는 그런 분이시기도 하였다.

별로 기억에도 없는 이야기들로 한 시간 가량이나 지났는데도 돌아
가실 생각을 하질 않는다. 무엇인가 할 얘기가 있는 듯하다가는 다시
목적 없는 이야기들로 또 시간을 보내시다가는 들릴 듯 말 듯 어렵게
딸의 등록금 이야기로 입을 여신다.

"딸애 아시지요?"

그분은 우리가 관심을 가지고 있으리라 생각을 하셨는지 몰라도 우
리는 그 분의 집안 사정이나 가족 관계에 대해서는 잘 알지를 못하고
있었다.

"얘가 이제 마지막 학년을 맞았거든요. 그런데… 등록금 때문에 걱정
예요. 내일이 마감이라는데."

그렇다면 동분서주하며 등록금을 구하던가 교회에 올라가기도 하실
것이지 한가하게 저녁에 우리 집에 마실을 와서 그 이야기를 왜 하는지
알 수가 없었다.

"그래요오. 벌써 4학년이나 됐군요. 큰일을 하셨네요."

나 자신도 신학교에 다니고 있어서 마침 그와 유사한 걱정을 일부하
고 있는 중이었었다. 등록금의 일부는 되었지만 얼마가 더 있어야 하는
중이었는데.

"어떻게 해야 할지를 모르겠어요."

"글쎄요. 기도하시면……."

그런데 그런 대화를 하면서도 마음 한구석에는 왜 그리도 짐이 되는

지. 나 자신도 급한 차에 집안 어디엔가 머물러 있는 얼마의 그 돈, 즉 준비된 등록금의 일부가 자꾸만 마음에 짐이 되어 보이는 것이었다.

'급하긴 나도 급한데 우리는 전적으로 그곳에 의지되어 있는 것이고 저쪽은 그저 젊은 날에 정상적으로 공부하는 한 과정이고 보면… 우리는 이곳에 목을 매고 있었으므로 우리가 더 급한 것임에는 틀림이 없는 것인데,

나이 들어서 하는 공부여서 기간 내에 속히 마무리를 해야 목회 일선에도 빨리 나갈 수가 있게 되는 것이고 저쪽은 아직 젊은 시절이 아닌가. 그런데도 마음 한 구석에는 왜 그리도 짐이 되어 오는 것인지.

'나야 기왕에 늦은 거. 좀 더 늦는다고 안 될 것도 없지 않은가. 목회야 하나님의 일을 하고 있는 것이 중요하지 꼭 졸업이라는 틀에 집착할 필요가 있겠는가. 집사님은 저렇게 안달을 하시는데. 게다가 마지막 학년이니 얼마나 어미 된 마음이 아프시겠는가. 그리고 하필이면 이때에 오신 것도……. 주님의 무슨 뜻이 계시기에 오신 것은 아니겠나. 도와주러 온 것이 아니라면'

"집사님, 제가 갖고 있는 돈이 좀 있는데 도움이 될는지 모르겠습니다."

"어머나! 그러세요? 물론이지요. 고마워요. 전도사님."

그리고는 나의 등록에 관한 말이라든가 "집이 여의치 않으실 텐데" 하는 등의 인사치레의 말은 하나도 없이 얄미울 정도로 냉큼 받아서는 쏜살같이 방문을 나서는 것이었다.

'이렇게 고마울 수가. 하나님 감사합니다.'

혼자 중얼거리는 여운을 남기면서 인사도 하는 둥 마는 둥 꽁무니를

감추어 버리고 만다.

한편으로는 조금이라도 힘이 되어 주었다는 데에서 오는 기쁨이 있었지만 내 쪽에 되어질 일들에 대해서는 약간의 허전함이 찾아왔다.

'천천히 하자. 하나님의 일이라는 것이 남은 여생을 다 바쳐서 해야 할 평생의 사역이 아닌가. 몸이 허약해져 있으니 한 학기 쉬어서 하라는 뜻이겠지. 뭐'

뒷산에 바람을 쐬러 나가는 마음이 점점 홀가분해져 오고 진정한 기쁨과 내일의 일들이 걱정이 되지 않는 평안함이 저녁노을을 따라 깃들기 시작하였다. 게다가 알지 못할 감사함이 마음의 빈 구석들을 채워오기 시작하는 것이었다.

그날 밤은 오래간만에 뿌듯한 잠을 취할 수 있는, 모든 피로를 물리쳐 주시는 그런 밤이었다.

이튿날, 생각지도 않은 곳으로부터 연락이 왔다. 어떻게 부천의 한 구석으로 피난살이하듯 이사 온 처소의 연락처를 알았는지 대학시절 가장 친하게 지냈던 바로 그 친구로부터 전화가 느닷없이 온 것이다.

그동안 하나님 앞에 부름을 받고 부터는 영적인 바탕이나 육신적 나약함과 함께 가정 및 가족관계의 불편성 또는 사업장의 어수선함 등등 속에서 다시 학업을 시작하고 있었기에 주변을 바라볼 여유를 찾지 못했었고 그럴 마음과 용기조차도 없는 터였다.

부천의 한 모퉁이를 찾은 것은 처갓집이 인천에 있었는데 그곳으로 가는 길 중에 좀더 가까운 곳을 찾아 서울을 떠난 것이 계기가 되어 주었다.

본가에는 믿음의 식구가 하나도 없었고 처가는 그나마 신앙을 이해해 주는 쪽이었다.

그래서 혹시나 연약한 중에 갑자기 하나님의 부름이라도 받게 되면 그 쪽에서 어떻게 처리해 주지 않겠느냐는 위로의 구석도 작용을 하였다.

본가의 식구들은 냉소 속에 버리웠고 부모님조차도 호적에서 파가라는 식이니 도저히 기댈만한 조그마한 구석조차도 발견을 할 수가 없어서였다. 그래서 도망 오듯 서울을 빠져 나와 살림을 차린 모습이란 것은 엉망인 상태였다.

하나님과 나 그리고 처와 그 쪽의 몇몇 밖에 알지를 못하는 새로운 삶의 처소였었는데 어떻게 알았는지 연락이 온 것이다.

"니 얘기는 어디를 통해서 들었데이. 연락이 늦어서 미안하구나. 아무 말 하지 말고 한 번 만나자. 내가 시간과 장소를 말 할게."

내 자신이 기피할 것을 알았는지 모든 것들이 일방적이었다. 그토록 보고 싶었던 친구들. 그러나 세월이 많이 흐른것도 아닌데 그 날들이 그렇게도 멀어 보일 수가 없었고 아스라해진 세상의 모습들처럼 보였다.

늘 다니던 길들이 낯설고 수없이 드나들던 다방의 한구석이 마음을 숨막히게 하여서는 밖에서 내내 쪼그리고 앉아 기다려야하는 새로운 모습으로 변화되어져 있었다.

그 후로 등록금의 문제로 기도를 해본 기억이 없어 보인다. 어디를 통해서든 미리 약속이 되어 들어왔고 졸업할 때쯤 되어선 보내줄 것을 약속하는 손길들을 모두 수용하여도 되는 것인가를 놓고 기도하며 고민을 하여야 하는 축복을 받기도 하였다. 게다가 약간의 장학금도 있었으니 물질의 통로는 활짝 열려지기 시작을 한 것이다.

먹는 문제에 있어서도 유사한 체험을 하게 되었는데 시골에서 다른 것은 모두 단절시켰어도 농사를 짓고 계셨기에 식량만은 쉬지 않고 보내 주셨다.

'먹을 쌀만 있으면 굶어 죽지야 않겠지' 하는 부모님의 마음과 자식에 대한 실망 속에서 갈등하시는 부모님의 손길이 보이는 쌀과 잡곡들이었다.

그 때마다 나의 정해진 마음이라기보다는 무엇엔가 이끌리다시피 하여 쌀자루가 오기가 무섭게 자루에서 퍼내어 그 동안 보아온 집들을 돌며 나누어주는 일에 동참되었었던 것 같다. 아마도 주님은 그렇게 심어놓기를 원하셨던 것으로 보인다.

지난날들에는 신앙이 없었고 주위가 그렇고 하니, 심어놓은 것들이 있을 리 없고 그 결과 현재적으로 내가 비록 어렵다한들 거두어드릴 아무 것도 없지 않은가.

아무 것도 모르는 나에게 있는 것마다 심을 기회를 주신 것은 그 뒤로부터 먹을 것으로부터 완전한 자유함과 풍요로움으로 이어지는 통로가 되어 주었다.

주님은 항상 풍족함으로 채워 주시길 원하시건만 심지 아니하고 심을 기회를 놓치고 개인적 욕심에 사로잡혀 심어야할 씨앗들 조차에도 자신이 취해버려서 어려움들을 불러들이고 있는 것은 아닌지 이 시대를 다시 한 번 돌아보게 해 주신다.

심는 자에게 씨와 먹을 양식을 주시는 이가 너희 심을 것을 주사 풍성하게 하시고 너희 의의 열매를 더하게 하시리니(고후 9:10)

55. 세느강의 미모와 한강의 미모

자국어가 아니면 받아주기를 꺼리는 것은 프랑스 인들의 자존심을 나타내주는 외적인 표현이다.

그 쓸데없어 보이는 자존심은 어디로부터 흘러와서 어디로 흘러가고 있는가. 세느 강변에 서있는 발걸음을 무겁게 해주고 머리를 산란하게 해준다.

세느강!

무엇이 그리도 좋아서 아름다움의 소식이 한강을 넘어 귓전에 들어오고 마치 그 강물소리와 바람결이라도 맡는 양 그 강의 이름만 들어도 마음에 즐거움의 물결이 흐르게 하고 있는 것인가.

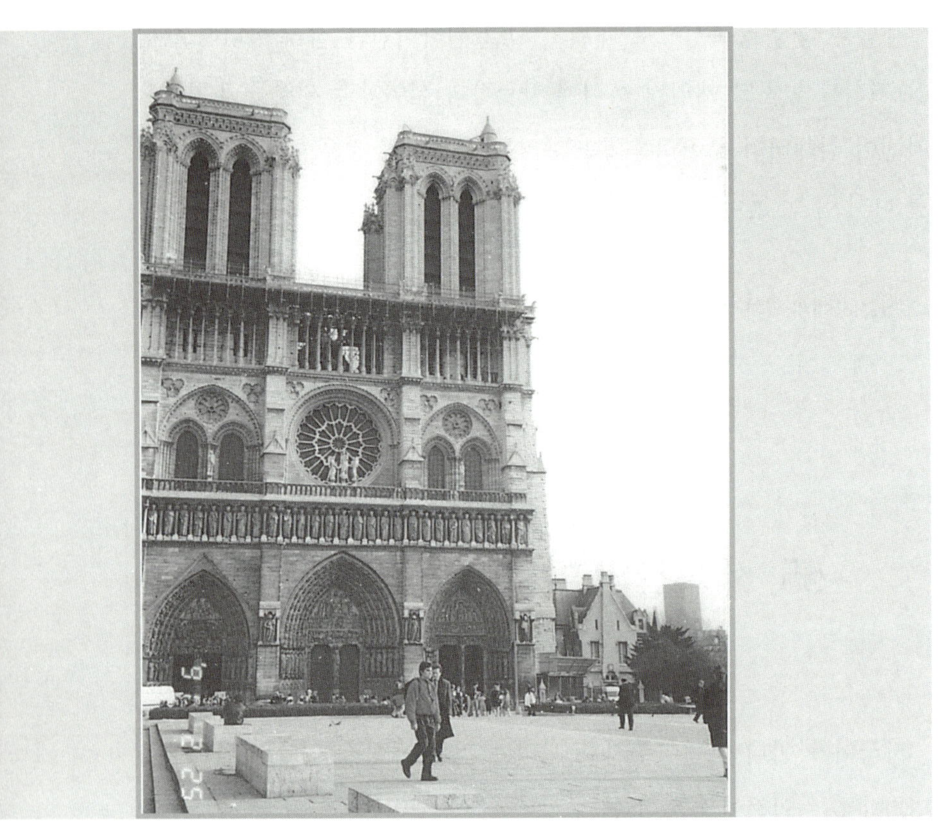

프랑스 자존심의 한구석을 흐르게 하는 그 물결은 한강의 폭보다 좁아서 마음의 폭을 더 넓히지 못하는 자존심 속에 웅크리드는 저들은 아닌지.

세느강의 물결이 한강의 유유함을 따라올 성싶던가. 아무리 보아도 감각 없는 나에겐 한강의 그 수수함과 풍성함을 세느강에서 맛볼 수는 없었다.

외제 좋아하는 우리는 나약해서요, 저들은 강하다는 의식 속에 세느강의 그 물결과 바람을 누구에게나 주기를 원하고 있는 것이다.

지나칠 정도로 다듬어진 세느의 그 강변은 많은 인물들을 배출 시켜 왔다. 아니 그보다는 그 많은 인물들이 세느강을 다듬어 왔고 선전을 해왔다. 그래서 힘 있게 흐르는 것은 아닐런지.

프랑스 땅에 들어설 적에 뚫린 귀를 틀어막고 죽어도 불어 한마디라도 듣기를 원하던 상점 점원의 그 고집도 알고 보면 분명 저 세느강의 바람 탓 일게다.

그 강물을 잔뜩 얻어 마신 루브르 박물관을 자랑할 때엔 그 많은 작품들은 뒤에 하고

"다빈치의 모나리자 한 작품만 하루 종일 동안에 보실 수만 있어도 본전 이상은 충분히 뽑은 것입 니다."라고 유럽의 교포 2세를 통하여 들을 땐 한국이라는 자 존심 자체가 구겨지는 것만 같 았다.

한국어 사용하기를 기필코 피 하다 자신의 존재의 모습이 들 통이 나서야 머리를 긁적거리며 그래도 김치 깍두기를 모르는 아이가 아니라는 것을 나타내던 저들도 세느강의 바람에는 어쩔 수 없었던 것인지.

이곳저곳에서 도적질하여 박물관에 모아놓고 내 것이라 주장하며 힘을 내세우는 힘 있는 도적들의 변명은 아닐까 싶다.

한강!

부르기조차 힘겹지 않고 시원한 그 물결은 그 훌륭한 자태에도 불구하고 어느 나라 어느 구석에 있는지 조차 알려지지 않고 있는 것은 우리가 자존심이 없어서인가 한강의 수줍음 때문에서인가.

힘 있는 도적으로 기록되기를 거부하는 한강.

그러나 굽이돌아 흐르는 정감 속에 온 세상을 굽이돌며 향기를 날리는 인물들이 배출되어야 하지 않을까 하는 마음이 솟구쳐 온다.

한강이 어떠하길래. 어느 면에서, 어느 면으로 보아 세느강 보다 못하단 말인가 말이다. 단지 백마를 탄 왕자를 만나지 못하여 잠시 휴식하고 있을 뿐이지.

한강의 숨은 미모를 진정 아름답게 다듬어 줄 때, 힘 차게 굽이칠 그 자태는 세계인의 마음속으로 흘러들어 갈 수 있으리라.

56. 쌀밥 계세요?

피터슨 오타치 목사님은 동부 아프리카의 케냐에서 오신 분이어서 늘 과묵하고 신사적이다. 별로 말이 없으면서도 예의를 꽤 존중하는,

자태가 역력하신 체구가 제법 크고 훤칠하신 분이다. 그러면서도 우리의 선교적 친교의 모임에는 빼놓지 않고 참여하고 계셨고 교회에는 절기를 따라 예배에 참여하여 주시는 성의와 열의도 보여 주신다.

그 분은 그 나라 사람들이 보편적으로 그러하듯이 예의를 매우 중히 여겼고 어디서 무엇을 하든지 항상 심사 숙고하는 스타일이셨다.

그 날은 신사 체면도 체면이었지만 많은 일을 하다가 식사의 자리에 참여하여서인지 배가 꽤나 고팠었던 모양이었다. 무엇을 물을까하는 우물우물하는 입 모양을 나타내더니 한번 그 동안 배우고 익힌 우리말을 뽐내보기라도 하려는 듯이 빈 밥그릇을 두 손으로 번쩍 들어대며 써빙하는 아가씨를 자신 있게 불러댄다.

"아가씨!" 거기까지는 성공을 하였는데

"여기 살 쌀, 하얀 쌀밥 계세요?"

눈이 휘둥그래지는 아가씨가 한참을 머뭇거리더니

"쌀밥요오?"

"예스!" 알아들었다는 것이 신기한 모양이다.

"네에. 쌀밥 많이 계세요. 더 드릴까요?"

깜짝 놀란 일행이 폭소를 터트리자 왜 웃는지도 모르는 목사님은 힘차게 다시 한번 주문을 아끼지 않는다.

"쌀밥 한 명 더 주세요. 많이 많이 배고파요."

57. 레이디 퍼스트의 축복?

해외 선교를 나가기 전에 국내에서 고된 훈련을 겸한 수련회를 먼저 갖기로 하였다.

그리고 자급자족할 것과 매일같이 이동하는 생활과 숙소는 텐트로 하기로 하였다. 이동하는 짐들이 어찌나 많았던지 등에 지고 양손으로 들고 심지어는 입으로 물고 가야하는 형편까지 이르렀다. 여기에는 남녀라든가 나이가 어려서라든가 등의 변명은 통하지를 않는다.

눈물의 수련회가 되었던 일정들은 많은 영적 전우애를 안겨주었고, 훈련은 흘린 땀만큼이나 결실을 맺어서 직접 해외선교에서의 실질적 피 흘림을 멎게 해주는 좋은 기회로 추억을 남겨준 수련회였다.

완도에서 하루를 묵은 후 배를 타고 섬나라에 도착하여 첫날 야영지에 도착을 하였을 때는 밤 열한시가 다 되어서였다. 도회지의 불빛 속에서 익숙해 있던 눈동자들은 불빛 하나 없는 깜깜한 밤에 텐트를 치고 잠을 자야하는 부담을 안겨 받고 있었다.

주변의 지형이 숙지되지 않은 상태에서 공간을 찾아 텐트를 친다는 것은 여간 어려운 일이 아니다.

아무리 남녀의 계급이 없기로 했다하더라도 약삭빠른 숙녀들의 공작에 안 넘어갈 총각들이 있겠는가. 먼저 자매님들이 거할 텐트를 치고 장정들의 것은 뒤에 천천히 치기로 했던 모양이다.

어찌나 곤했던지 아침이 오는 것도 모르고 잠을 청했던 육신들이 부시럭 거리며 일어나려고 하였을 땐, 자매들과 형제들이 티격태격하는 즐거운 비명 소리를 먼저 들으며 일어나야 했다.

"아무리 그래도 그렇지 세상에 이럴 수가 있어요?"

"잠들을 잘 잤구먼. 왜 그려."

"징그럽게 능청 떨지 말아요!"

"우리가 뭐 잘못한거이 있능가? 자매님들이 어젯밤에 레이디 퍼스트를 외쳐 대기에 만사 제쳐놓고 양보를 해 주었구먼. 왜들 그러는지 모르겠구먼. 우리가 잠 잘 자리를 양보해 주었는데도 야단들여."

능글능글한 한 청년 형제와 다투는 것이 자칫 하면 아침밥 조차 안 할 태세로 진전될 것 같기에 나가보니…

"목사님. 글쎄 우리가 잔 텐트 좀 한 번 와보세요."

"무슨 문제가 생겼는가?"

"글쎄 이리 좀 와 보시라니까요. 우리교회 청년 형제님들이 어떤 사람들인가를…"

귀여운 자매들이 잠을 잔 텐트를 가보니 정말 말이 아니었다. 경사가 급하게 비탈이 진 것까지는 좋았는데 그 장소라는 것이 가시밭의 한가운데였다.

거기에서 잠을 잤다는 것이 못내 속상해하는 자매는 분을 삭이지 못해 눈물을 글썽이기까지 했다.

"글쎄 이런데서 우리보고 자라고 텐트를 쳐줬잖아요."

"아니 어제 밤 깜깜한데 쳐서 우리도 모르는 일예요. 아침에 보니 그 안에서도 잘들 자고 있더구만. 서로 뒤엉켜 가지고."

"저 능구렁이부터 잡아야 돼."

쫓고 쫓기면서 하루 일과가 다시 시작되었다.

"아니 왜 그려. 누가 저기서 자라고 했나. 우리가 잔다고 하니까. 레이디 퍼스트를 외쳐대서 양보했구먼. 목사님 나 좀 살려줘요."

"가시밭에 핀 백합화구먼. 왜들 저런디야?"

58. 검은 손에 놀란 해녀 아주머니

한국의 여러 곳을 다녀 보고는 싶었지만 그럴 여건을 갖지 못했던 흑인 목사님은 수련회에 동참된 것을 어린아이처럼 마냥 즐거워했고 즐거워하는 모습은 그의 입술에 쉴 틈을 주지 않았다.

옷도 자기네 본토의 고향에서 입던 거창한 것을 비롯해서 수시로 갈아 입어가며 여행의 묘미를 만끽하는 듯 했다.

하루는 해변에서 여러 가지 해산물을 따 가지고 나오는 해녀를 만날 수가 있었다. 무엇을 따 가지고 오는 가도 궁금하고 필요하다면 우리의 특별한 식 거리를 구입도 하기 위해 몇몇이서 몰려갔다.

해녀는 그날 따 가지고 온 여러 가지를 헤쳐 가며 자랑이 한참이다. 그러면서 자기가 시장에 가지고 가면 얼마인데 여기서는 원하시면 거져 주듯 특혜까지 주겠다 한다.

그러면서 이 손 저 손이 해산물을 뒤척여가며 서로가 만지작거리고 있는데 그 해녀가 갑자기 기절할 듯 소리를 지르는 것이 아닌가.

그 여러 손들 중에 갑자기 시커먼 손 하나가 성게를 잡고 있었다. 부지런하기 이를 데 없는 깜둥이 목사님이 어느새 그곳에까지 홍길동처럼 나타난 것이다.

생각 없이 내민 손을 본 해녀는 이것이 무엇이냐 고개를 드는 순간 까만 얼굴의 모습과 마주치자 이것저것 다 팽개치고는 소리를 지르면서 달아나 버린다.

그 목사님이 무안해 하는 모습이 그 검은 얼굴에도 역력히 그려지고 있었다. 어찌나 무안해 하는지.

"Sorry! Sorry!I amsorry."

뒤로 뒷걸음을 치며 손을 내저으며 잘못했다고 사과하는 그 목사님이 그렇게 안스러울 수가 없었다. 놀랄 수도 있는 것이지만 그렇게 까물어 치도록 놀랄 줄은 더욱이 몰랐기 때문이었으리라.

그날의 저녁 식탁은 새로운 해산물로 장식이 되어 신나는 대화가 있어야 할 때였건만 그 목사님을 위로해 드리고 설명하는데 진땀을 빼야만 했다.

간혹 우리는 교회에서도 미개국에서 온 분들을 멸시하거나 무시하는 사람들을 곧잘 볼 수가 있어서 혼을 내주곤 하던 기억이 난다.

그들도 하나님의 동일한 자녀이고 우리가 희로애락을 느낄 것들에 동일한 감정을 갖고 있는 사람들인데도 말이다. 오히려 우리가 존경을 보내야할 요소가 많다는 것을 발견하지 않으면 안 되는 것들이 있는 것이다.

저들은 문명의 혜택을 훨씬 누리지 못하는 오지에서 그리스도의 복음을 전하는 십자가 군병들이다. 그 전함을 위해 주님은 저들을 그곳에 태어나게 하셨고 일거리들을 주셨다.

그리고 그들은 그곳에서 그 사명을 감당하고 있는 동일한 백성이라는 사실을 놓치면 안 된다. 우리는 더 편하고 좋은 환경 속에 있음을 자랑할 것이 아니라 이곳에서의 할 일들을 찾고 더욱 열심히 일을 해야 할 의무를 지니고 있다고 본다.

오히려 주님 앞에서 책망 받을 수 있는 소지는 환경이 부하고 훌륭한 처소에 있는 자들임을 망각해서는 안 될 일인 것이다.

일할 처소를 다르게 받았을 뿐이지 저들이 우리보다 못할 것이 하나도 없는 동등한 백성인 것이다.

차라리 그런 악한 환경을 멀리하고 자신의 인생을 즐기는데 더 많은 세월을 소모하면서 소위 부유한 주의 백성이라 자랑한다는 것이 얼마나 부끄러운 일인가.

59. 오줌싸개 동상을 찾아가는 이유는?

일행은 모두 지쳐있었다.

프랑스에서 벨기에를 거쳐 네덜란드까지 오는 거리는 도로가 아무리 잘 발달되어 있다 해도 꽤나 먼 거리로 느껴지지 않을 수 없는 간격이었다.

저녁이 어둑 어둑해져가기 시작했고 우리의 숙소는 네덜란드에 두고 있었기 때문에 웬만하면 아무 일 없이 그저 속히 잠자리에 들었으면 하는 공통된 마음속에 있었다.

그런데도 안내를 맡으신 기사 아저씨는 벨기에의 그 좁은 거리들을 누벼가며 무엇인가를 꼭 찾아내야 한다는 사명감을 가진 듯이 골목들을 휘젓고 다녔다.

"그 놈의 것이 쬐끔해서 도통 뵈질 않네? 여기 어디쯤 될텐데"

"특별한거 아니면 그냥 갑시다. 고생하시는 것 같은데?"

"아닙니다. 안보고 가시면 후회하실 것 같애서요. 여기에 다시 오시기가 또 쉽지도 않잖습니까?"

"그렇기야 하지만…그래도 아저씨가 너무 고생하는 것 같아 보여서요."

"어차피 그냥 거쳐 가는 길인걸요 뭐. 조금만 인내하시면 됩니다. 혹시 오줌싸개 동상에 대해서 들어 보셨나요?"

"들은 것 같기도 하고 아닌 것 같기도 하고……"

우리 일행이 전혀 모르는 것 같아 보이자(실은 아니었는데도) 안내를 맡았던 숙소의 주인이자 유럽으로 이민을 와서 이젠 제법 정착을 한 아저씨는 신이 나서 설명을 해가고 있었다.

"독일군과 연합군이 전쟁을 하고 있었는데 말입니다. 양쪽이 모두 초긴장 상태에 들어가게 되었습니다. 누구 하나라도 꿈틀거리는 소리만

들렸다하면 포탄을 비오듯 쏟아 부을 그런 태풍전의 고요 그거 있잖습니까?

그런 상태에서 부스럭거리는 소리에 놀란 양쪽 병사들이 참호에서 바라본 시야에 들어온 것은 어디에서 왔는지 자그마한 꼬마 하나가 불쑥 나타나더니 양쪽 진영의 한가운데에 서서는 태평하게 바지를 내리고는 거기에서 오줌을 싸고 있는게 아니겠습니까?

초긴장이 한숨으로 변하고 그것은 양쪽 모두에게 공통적으로 웃음소리로 바뀌었는데 서로의 웃음소리가 양쪽 진영에 다 들리게 돼버렸습니다.

그러더니 아무 것도 모르는 저런 평화로운 어린이를 보고 무슨 생각을 했는지 ‘우리가 왜 싸워야만하나? 우리 잠시라도 평화하자’ 하는 동일한 마음을 끌어내게 되었고 그 밤은 전쟁이 없이 지내게 되었다는 거 아닙니까? 그래서 나중에 이를 기념해서 그 꼬마의 동상을 쬐그맣게 세웠는데 그게 아주 유명해져 버렸습니다. 그런데 요놈이 어딜 갔나?”

맞는 말인지 아닌지 쉽게 쉽게 기준도 없이 뱉어버리는 말은 대충 맞아 가는 것 같기도 하였다.

“한국에도 그 오줌싸개 동상이 아주 많더라구요. 그런 내역이 있었구먼요.”

“그러니 우리가 이렇게 피곤한 몸을 무릅쓰고 찾아가는 것 아니겠습니까?”

“그렇다면 좀 더디더라도 만나보고 갑시다.”

화려한 장식도 없이 모퉁이의 작은 한 구석을 점령하고 있는 그 평화의 동상을 그래서 우리는 찾아가고 있었는가 보다.

(첨가설명 / 브뤼셀의 가장 나이 많은 시민으로서 – 오래 되었다는
뜻– 사랑 받고 있는 이 동상이 만들어진 유래에는 많은 에피소드가 있
지만 정설은 없다. 실제는 1619년에 뒤케누아가 제작한 60cm정도의
작은 동상에 불과하다.)

60. 눈물짓는 선교사

"목사님, 근 반년 가까운 세월 동안 피눈물 나는 기도를 하고 있습니
다. 함께 기도 좀 해주십시오."

"무슨 특별히 어려운 일이라도 생겼습니까?"

"전년도까지만 해도 거의 30여 곳에서 선교비를 보내어 왔었습니다.
그런데 어느 날 갑자기 그 모든 곳에서 이유도 모르게 통고도 없이 중
단이 되어 버렸습니다. 지금은 다섯 군데에서만 도움이 오고 있습니다.
목사님을 포함해서 말입니다."

사실 우리의 주 사역지는 다른데 있었기 때문에 선교비를 정기적으
로 보내고 있지 않는 곳이었다. 그런데 우리를 포함해서라면 그 형편이
어떨까에 대해 가히 짐작이 가고도 남을 노릇이었다.

"무슨 일이 있었습니까?"

"아마 제가 괘씸죄에 걸린 것 아닌가 생각이 됩니다."

괘씸죄가 도대체 무엇을 말하고 있는 것인가. 사욕을 위하여 선교의 일을 하고 있는 것도 아닐텐데.

결국 한국에서 영향력이 꽤나 있는 목사님의 선교정책에 일백 퍼센트 복종하지 않고 선교지의 형편에 따라 움직였던 것이 문제를 야기한 것이었다.

"사과도 하고 설득도 하고 했지만 소용이 없습니다."

결국 주요 선교비 뿐만이 아니라 그분의 영향으로 주변의 교회들까지 선교비를 보낼 수 없도록 하여서 졸지에 엉망이 되어버린 것이었다.

'버릇없는 녀석. 너 한 번 죽어봐라' 하는 식이 아닌가.

선교지에서 심심찮게 접해보는 마음 아픈 사건들 중의 하나이다. 선교지에서의 일은 본국에서보다 선교사가 훨씬 더 그 지역의 사정을 잘 알고 있다고 믿어야 할 것인데. 밖으로의 선교의 역사가 짧은 우리나라에서는 곧잘 어느 교회의 한 목사 비위나 맞추어야 하는 것처럼 종속시키려고 하는 경향의 것들을 종종 발견하게 되는 것이다.

선교비는 자신의 돈을 보내는 것이 아니라 하나님의 물질을 하나님의 백성에게 보내는 것임에 자각해야 한다고 본다. 어느 날 내 비위에 안 맞는다고 일방적으로 즉시 그것도 주변에까지 손을 대어서 젖줄을 끊는 것은 위험천만한 인간적 생각일 뿐일 수밖에 없다.

선교비를 보내는 것도 조심스러워야 하지만 그것을 정리해 갈 때에는 더욱 많은 기도 속에 훨씬 전부터 미리 알려주고 서서히 진행하여야 할 사안이다.

| 시 한 편과 함께 |

변화되게 하소서

61. 설마 내 아들이야

62. 20일 금식과 물에 대한 불만

63. 20분 거리를 3시간 만에 오시더니

64. 목자의 마음 성도의 마음

65. 복음전도가 우선인 하나님의 역사

66. 천사의 벨소리

67. 새벽을 깨우는 천사의 음성

68. 빨리 집에 가보라

69. 진리가 무엇인고?

70. 아름다움을 위한 깜둥이

변화되게 하소서

많은 것을 알지만
이론입니다.

지혜롭다 하지만
세상지식입니다.

형상은 이루지만
인간의 塔입니다.

함께는 일하지만
이득계산입니다.

자유해 보이지만
묶여져 갑니다.

고난이 있지만
죄의 報應입니다.

변화되게 하소서
이론이 변하여 감동의 눈물이

섞이게 하소서
세상지식 변하여

진리로 치닫게 하시고
인간의 탑이 변하여 그리스도의
형상을 이루게 하소서

이득의 분량에 희생이
가득하게 하시고
자유의 가식에 허물벗는
진실이 스며들게 하소서

죄 삶의 고난이 아니라
傳하는 자로서의
고난이게 하소서

그래서
하나님이 통치하신다 하는 자의
山을 넘는 발이
아름답게 하소서 !

61. 설마 내 아들이야

　우리가 살아가는 동안에 가장 착각하기 쉬운 것 중의 하나는 극적으로 어려운 일 또는 불가능해 보이는 일 혹은 아주 나쁜 일등은 나에게는 해당 사항이 없는 것처럼 인정하고 싶어 하는 일일 것이다.

　자녀 교육에 열심인 것은 이 집사님에게도 마찬가지였다. 세상이 어수선하고 어지러우니 탈선의 수많은 현장을 들으며 자녀에 대해 여러모로 더 많은 관심을 기울일 수밖에 없는 것은 당연하다 하겠다.

　학교에서도 항상 우수한 대열에 끼일 것이라는 소망 속에서 과외는 그 열풍을 부채질해 간다.

　학원에 보내놓고는 너무 무관심하지 않나 하여 선생님을 인사차 한 번 찾아뵙기로 하고 오랜만에 시간을 쪼개어 찾아갔던 모양이다.

　학원 문을 정중하게 열고 들어서게 되었는데 안쪽 한구석에서 호되게 야단치는 소리와 함께 찰싹 찰싹 매를 맞는 소리를 들어야 했다.

　요즘같이 아이들이나 부모의 비위를 맞추면서 돈벌이에 급급한 학원들이 대다수일텐데 저렇게 책임감 강하게 아이들을 간섭하고 있으니 이런 곳에 자기 아들을 보내게 된 것을 감사하지 않을 수 없는 마음으로 그 집사님은 신을 벗고 들어서게 되었다.

　그러면서 내 중 생각에는

　'어쩌면 말을 안 듣고 속을 썩였으면 학교도 아닌 학원에서까지 매를

다 맞냐?' 하면서 속으로 혀를 차고 있었는데 몇 초도 못 가서, 아뿔사!
머리 위에 손을 얹고 긁적거리며 나오는 애가 바로 자기의 아들일 줄이
야.

설마 내 아이는 아니겠지 했건만 아이쿠 맙소사!

집사님 탄식하는 전화 속의 소리가 그리도 가까이 들려질 수가 없어
보인다.

62. 20일 금식과 물에 대한 불만

가능하면 금식은 피하고 싶은 마음이 늘 있었다.

그럴 때마다 주변에서 들려오는 소리가 금식중의 사고들에 대한 것
들이 왜 그리도 많은지.

육신도 보편적인 모습보다 허기져 있었기 때문에 더욱 자신감이 없
었는지도 모른다. 그러면서도 어쩔 수 없이 부닥뜨리면 며칠씩 단기 금
식을 하곤 하여 왔다.

그러던 중 오래 전부터 20일이란 언어와 그 속에 금식을 포함하지 않
고는 견딜 수 없도록 마음의 불안이 계속 찾아 들어 왔다.

'왜 하필이면 20일이냐? 닷새나 일주일 또는 열흘 정도라면 어때
서.'

그것도 인위적으로는 안 되어서 그럴수록 마음은 그날을 지적 받고 있었고 그 주어진 날들에 대해서만이 평안한 마음이 깃들어 왔다. 그렇지 않아도 심령의 새로워짐과 복합적인 기도의 제목들이 있었기에 순종하며 준비하기로 하였다.

새해가 시작되는 어느 해인가에 많은 사람들이 찾아드는 기도원을 택하여 짐 보따리를 챙겼다. 목회 현장에서 여러 날들을 비운다는 것은 그리 쉬운 일이 아니지만 모든 것을 주님께 맡긴 채로 산행을 하였다. 보호식 까지 생각하면 날짜가 길어 보여서 걱정도 되었지만 인간적 생각을 모두 잘라버리기로 하였다.

얼마 안 되는 기간 동안에 그것도 주일날은 내려와서 설교를 담당하고 있었기에 성도들과 떨어져 있는 기간이 많은 것도 아닌데도 그렇게도 보고 싶을 수가 없다.

그런데 첫 몇 날 동안 마시는 물에서 녹내가 나서 견디기가 힘들었고 불만스러워져 갔다. 수도 파이프가 오래 되어서인가 민감해져서인가 아니면 사단의 방해인가.

많은 사람들이 더 많은 장기 금식도 수 없이 하고 내려간 그런 기도원의 그 물인데 도대체 신경이 쓰여서 면회 온 집사님을 통하여 다른데서 물을 떠다 줄 것을 부탁하기에 이르렀다.

마음은 편치 않았지만 몇 통의 물만 그리하면 될 테니 하면서 부탁을 하였다. 기도는 이곳에서 하면서 물은 다른 데의 것을 마시니 마음 한 구석이 더 편하지를 않게 해주는 것이다. 녹내는 안 나지만 그렇다고 특별할 것도 없는데.

　식수 이외의 것들은 역시 숙소로 정해진 기도원의 것을 사용하는데 그로 인하여 얼굴에 상처가 나버려서 은혜의 모습에서 점점 멀어지는 것만 같아 보였다.

　왠지 믿음 없이 마시지도 못하고 진행하는 방법을 주님께서 기뻐하시지 않는 것만 같았다. 얼굴과 몸은 수척해져도 기도 중에 있으니 밝은 얼굴을 하고 주일날 성도들과 만나야 될 터인데 얼굴에 상처가 자꾸 생기고 쉽게 낫지도 않고 하니 여간 걱정거리가 아닐 수 없었다.

　기도에만 전념하여도 시원찮을 때에 쓸데없는 걱정거리를 만들고 있는 것이었다.

　그래서 안 되겠다 싶었고 하나님 앞에 회개한 후에 녹내가 나든 안나든 숙소를 제공하고 여러 공간 활용을 자유롭게 해주는 기도원에 감사하면서 그 물로 다시 바꾸어 마시기로 하고 멀리에서 성의껏 떠온 물들을 모두 쏟아 버렸다.

　이중적 생활을 하는 것 같은 인위적 사고가 믿음의 것들을 가로막고 있어서 견딜 수가 없게 만들어 주고 있었기 때문이다.

　그랬더니 도리어 녹내 나던 물이 그렇게도 좋을 수가 없었고 그 냄새도 나지 않을뿐더러 얼굴의 상처들도 다듬어지기 시작하는 것이었다. 오직 기도에만 전념할 수 있도록 여건이 다듬어져 가고 있는 것이다.

　갈수록 힘을 더해주고 있었던 그 생수가 왜 심통을 부렸던 것인지. 아니면 내 마음의 심통이 그 물을 그렇게 변화시킨 것은 아니었던지.

63. 20분의 거리를 3시간 만에 오시더니

믿음의 사람들 특히 목회자들을 모시고 여행을 한다는 것은 은혜라는 이름 아래서 시간 관리하기가 얼마나 어려운 것인가를 새삼 경험하게 해주곤 한다.

여행사의 가이드들이 겪는 곤란중의 하나도, 갑자기 없어져 버렸던 목사님께서 한참 후에 나타나서는

"저기 은혜로운 자리가 있어서 사진 좀 찍고 오느라고 그랬수. 미안하이."하시며 씩 웃어대면 어찌할 방도를 찾을 수도 없고 수시로 사라져버리는 통에 당황하기 일쑤라고들 한다.

우리 선교팀은 평신도들처럼 처음부터 준비 및 훈련이 되어서 출발한 여정이 아니었다. 목회 현장에서 눈코 뜰 사이 없이 바빠 있다가 형성이 되어져서인지 그저 잘 되겠지 하는 마음과 믿음이란 언어만을 들고 조합이 되어 있었던 선교의 팀이었던 것이다.

목회지에서 좌우로 지친 육신들이라서 그런지 밖에 나온 대부분 나이 드신 목사님들께서는 소풍 나온 어린 아이들 처럼 들떠 계셨고 게다가 시간관념이 아프리카 식이었다.

그렇잖아도 우리는 아프리카 일정 후 귀국하는 길 중에서 시간차로 유럽에 잠시 머물고 있는 때였는데. 아프리카의 그 늘어진 기질이 그렇게

도 빨리 습득이 되어 버렸는지. 안되겠다 싶어서 용단을 내려야만 했다.

"죄송합니다. 목사님들 저는 그냥 시간 되면 갑니다. 약속시간을 확실히 지키셔야 합니다. 왜냐하면 한 분이 30분 어기면 그로 인해 전체 일정이 일그러지기 때문이니 이해하여 주셔야 합니다."

안네 프랑크의 집은 2차대전의 상처를 다시 한번 볼 수 있는 적격의 자리이다. 또한 여기에서 비극을 체험함으로써 평화를 위한 기도와 전쟁을 막기 위해 얼마나 애써야 하는가를 배울 수 있는 현장이어서 빼놓을 수 없는 코스이기도 하였다.

함께 손잡고 몰려다니기가 거북스러울 정도로 협소한 집안의 공간이기 때문에 오후 6시까지는 바로 옆의 정류장까지 나오실 것을 이야기하고 각자 방향을 잡기로 하였다.

일정이 끝난 후 6시가 되었는데 한 분의 목사님만이 나와서 기다리고 있었고 나머지는 어디를 갔는지 소식이 없다. 5분 10분을 기다려도 모습들이 보이질 않는다.

"어찌할까요?"

"약속이니 그냥 숙소로 갑시다."

"막상 말은 그리했지만 그래도 그렇지. 30분까지는 기다려 보지요."
그런데 30분을 기다려도 나올 줄을 모른다.

하루의 일과는 마무리가 되었고 다음의 일정을 위해서라도 그냥 돌아가는 것이 좋겠다는 생각이 들었다.

"기도하시면서 오시면 성령께서 인도하시겠지요뭐."

숙소에 돌아와 보니 일행들이 먼저 와 있을 리가 없었다. 그날의 일과를 정리하며 샤워하고 모든 것을 정돈하고 기다려도 밖으로부터의 인기척이 없다.

2시간이 지나고 3시간이 지났는데도 역시 마찬가지다. 은근히 걱정이 되고 있는데 늦은 저녁 10시가 다되어가서야 식식거리는 콧바람 소리가 침대 위에까지 날라들어 온다.

"정 목사 이거 그럴 수가 있어? 우리가 미아 되면 어쩌려고."

"아냐 정 목사가 잘 한 거여. 그래야 시간들을 지키지. 도대체가 시간 관념이 있어야지. 그리 나가자고 해도 안나갔더니 잘 됐지 뭐 그래."

이말 저말이 비빔밥 되어 쉴 사이 없이 들려 들어온다.

"죄송합니다. 제법 밖에서 기다리긴 기다렸는데 오시지를 않아서 혹시라도 먼저 오셨는가 하고 왔습니다."

"미안할 것 없어요. 그리 안 하면 어찌 통제 되겠수. 교회에선 성도들 보고 5분만 늦어도 호통을 치면서 이거 어디 되겠어? 잘 혼났지 뭐. 앞으로는 5분도 기다리지 말라구. 이 기회에 시간 병 좀 확실히 고치게시리."

이마에 땀을 뻘뻘 흘리시며 말을 받는다.

"그래도 나름대로 즐거움이 있었다구. 내 실력 봤지? 손짓 발짓. 아 여기 사람들 정말 친절하더구먼. 역시 선진국은 선진국여."

"어떻게 오셨습니까?"

"옆집에 서점이 마침 있더라구. 들어가서 지도를 사가지고 이곳 이름을 짚고 다녔지 뭐. 복잡한 서울에서도 살아온 우리 아닌가. 또 우리 배후에는 성령님이 계시구.

허허허, 말 말게. 아주 쑈를 하면서 찾아왔으니까. 그런데 거기서 여기까지 그리도 멀던가? 거리가 얼마나 되는겨?"

"한 20분이면 오는 거립니다."

"뭐? 20분? 지금이 몇 시여? 이거 3시간도 더 걸렸잖아?"

그 후로는 집합시간 10분전이면 한 분도 빠짐없이 나타나는(?) 기현 상이 벌어지기 시작을 했다.

백발이 성성하신 자애 하신 모습의 목사님이 누구보다도 늘 가까이 계셨다.

"우리 3미터 이상 떨어지지 않기로 하세. 잘못하다간 서울도 못 갈까 봐 걱정되네."

"걱정 마십시오. 잘 모시고 다니겠습니다. 시간만 잘 지키신다면요."

"그게 병여. 밖에만 나오면 그 병이 도진단 말여."

"아마 이번 기회를 통하여 완전히 치유되실 겁니다. 저는 아마도 그 사명을 띠고 보내진 것 같습니다. 죄송합니다."

"할렐루야!"

64. 목자의 마음 성도의 마음

교회의 빈자리를 채우기 시작한 중국인을 중심으로 한 외국인들의 숫자는 한국인 성도들과 달리 양적 팽창이 매우 빨랐다.

우리가 수년 동안 자라오게 한 한국인의 숫자를 몇 개월도 채 안되어서 따라잡기 시작을 한 것이다.

아마도 외국에서의 외로움이 있는 데에다 잘 알지는 못하지만 교회에 가면 직장에서와 달리 모두가 친절하고, 뿐만 아니라 식사대접을 받는 데에다 마음껏 요리를 해먹을 수가 있으니 한두 시간만 예배당에 앉아 준다는 수고와 비교할 때 혜택이 더 크다고 여겨서 일는지도 모른다.

게다가 교회에서는 격주로 무료 이발을 해주었고 잠자리를 제공해 주며 의류 등을 제공해 주었다. 더불어서 직장에서의 어려움, 건강의 문제를 위하여 병원과 연결해 주며 혜택을 베풀 수 있도록 해 주었고 또는 새로운 직장을 위해서 기도하는 것 등도 아끼지를 않았다.

그러한 소문이 자기들끼리 퍼져서인지 북 치고 돌아다니면서 주일학교 아이들을 모으는 것보다도 훨씬 쉽게 모아져갔다. 이 얼마나 고마운 일인가.

특히 교회에서는 해외선교에 많은 기도와 수고 그리고 물질을 아끼지 않는 편이었는데 막대한 시간과 물질을 들여가며 외국에 나가지 않아도 되고 실질적 복음전도를 마음껏 할 수 있으니 그야말로 신나는 일이요 감격스러운 일이 아닐 수 없는 것이다.

아닌게 아니라 저들중의 많은 사람들이 세례에 동참되는 축복으로 이어지기도 하였다. 절기마다 베풀던 세례식을 매달 또는 주단위로 베풀기도 하였다.

그런데 저들의 숫자가 점점 늘어나자 보이지 않는 불편함 들이 나타나기 시작했다. 이제는 별도의 예배까지 드릴 수 있도록 되었는데 기존의 성도들과 간접적인 갈등거리들이 생겨나기 시작을 한 것이었다.

교회의 공간을 함께 사용하다보니 먹고 자는 외국인들이 많아지게 되었고 생활 습관의 차이와 아직 깨끗하게 다듬어지지 않은 삶의 모습은 교회의 전체적인 분위기를 어지럽히게 되었다.

그런 대로 신실한 일부를 제외하고는 옥상에 올라가 밤늦도록 술을 몰래 마신다든가 교육관에서도 술, 담배 등이 어지럽혀 있을 때가 많았고, 친교는 좋지만 모여서 직장의 이전이나 임금인상 등이나 논의하는 모임을 허락하는 오해까지 받게 되자 처음에는 호감을 갖고 도와주고 헌신하던 손길들이 새로운 기도 제목을 들고 오게 된 것이다.

목회자는 항상 저들의 직장에서 생기는 문제들로 과거와는 다른 방향에서 바빠져야 되었고 경찰서와 외국인 보호소는 아예 정기적 면회소처럼 되어 버린 것이다.

교회가 파출소 순경과 경찰서의 담당자들이 밤낮 없이 드나드는 처소중의 하나로 되어버린 것이었다. 그러자 점잖은 성도들 중에는 교회를 점점 마음에서 멀리하게 되고 저들이 교회에서 떠나지 않는 한 교회에 나오지 않겠다는 성도들까지 등장을 하게 되었다.

저들이 속을 썩이는 것은 사실이지만 속마음은 어느 편에 서기도 어려운 상황이었다. 모두가 하나님께서 붙여주셨다고 믿기 때문이다. 내국인들이야 말할 것도 없이 당연하다. 그렇다고 저들은 아니라고 할 수가 있겠는가?

해외에서 선교를 위하여 수고하여야 하는 것과 핍박받는 것을 생각해 보라.

중국 현지에서는 정상적으로 복음을 전할 수 없는 정치체제를 아직도 소유하고 있다. 매 맞고 옥중에 가고 강제 출국을 당하면서까지 땀 흘리고 있지 않은가!

그런데 여기에서는 그만한 수고의 절반조차 안 해도 될 뿐 아니라 저들을 붙잡아 놓고 마음껏 예수 그리스도를 전할 수 있으니 얼마나 큰 축복이란 말인가. 그까짓 냄새나는 몸이나 피해는 아무 것도 아닐 수가 있는데…….

이것은 목회자의 마음이지 성도의 다 같은 마음은 아닌 것을 깨닫게 해준다. 무리하게 강요하는 것은 지속적인 면에서 설득이 되는 것도 아니었다.

이것도 저것도 다 좋지만 일단은 자신에게 우선적으로 시야가 머물러 있어야 되고, 먼저 사랑해주기를 바라는 것이 성도의 마음인가 보다.

이는 부모와 자식의 마음의 차이이자 주님과 우리의 사고 차이가 아닐런지.

65. 복음전도가 우선인 하나님의 역사

한국에서 외국인 근로자들이 모이는 교회가 지역마다 몇 몇 교회들이 있음을 알게 되었고, 가끔 신문이나 다른 매스컴들을 통하여 보도되곤 하였다.

그러한 소문들이 하나님의 영광을 위하여 부분적으로는 필요할 수도 있겠으나 실은 유익을 가져다주지 않는 요소들이 더 많아 보여서 가능한 한 알려지지 않게 하고 복음을 심는 데에만 중점을 두기로 하였다.

그럼에도 어떻게 알았는지 인근에서 연합하여 무엇을 하자든가 하는 제안들이 곧잘 들어왔다. 그러면 여러 핑계를 대어 거절하는 식으로 피하여 왔다.

근로자들이 원하는 것은 복음에 접하는 것보다 연대하여 세력화 하려는 경향이 생기고 그런 것을 좋아하는 내국인들도 발견되기 때문에 더욱 그랬다.

주변에 별반 안 되는 곳들도 여러 가지로 언론 등에 소문을 내고 있었지만 실상은 경인지역에서는 양적으로 보아 가장 많이 모이는 교회가 아니었었나 생각이 된다.

그리되자 국내보다는 중국의 동북 삼성에 교회가 알려져 한국에 오는 대부분의 사람들이 일단 도착을 하면 교회에 먼저 전화를 하고 하룻밤을 자연스럽게 묵어가는 코스처럼 소문이 나버리게 되었다.

한국에서 머물고 있는 사람들이 본국에 어려울 때 거처하는 곳처럼 우리 교회를 알려 주었기 때문이다.

심지어는 교회 내에서 일어나는 일 특히 그들 안에서 일어나는 일들은 우리도 놀랄 정도로 말이 옮겨지고 있어서 절제를 당부하여야만 할 위치에까지 이른 것이다.

외국인 보호소에서도 중국인간에 무슨 문제가 생기면 우리 교회에서 알고 있지 않겠느냐 하며 담당자들이 전화를 하고 물어오곤 하는 것이었다. 우리의 의도와 방향은 전혀 다른데도 그러했다.

한국인의 자매 중에 한 사람이 중국인들을 리더 하는 형제와 사랑의 교제를 하고 있었다.

그런데 이 소식이 어떻게 알려졌는지 함께 있는 교회의 성도들도 눈치를 채기 전이었는데도 중국에는 이미 알려져 있었고 중국의 현지에서 사업가로 일하면서 복음을 전하는 한국의 한 집사님의 귓전에까지 들어가게 되었다.

얼마 후 생전 알지도 못하는 그 집사님으로부터 전화가 왔다. 처음엔 자신을 장황하게 설명을 하였지만 결국은

"목사님 중국에서 온 사람이라면 한족이든 중국인이든 아무도 믿지 마십시오."였다.

"저는 중국에 여러 해 있었기 때문에 그들에 대해서는 누구보다도 잘 압니다. 그들의 목적은 오직 돈! 그 돈 외에 아무 것도 없는 것입니다. 절대로 다른 것들로 인하여서 속임 당하여서는 안 됩니다."

그러면서도 본인은 복음전도를 위해서 사업가 행세를 하며 중국에 머물러 있는 것이라고 하였다.

전혀 믿지 못할 그 땅에 그러면 왜 가있는지 의혹이 갔지만 걱정해 주니 고맙다는 말과 함께 전화를 끊었다. 그런데 또 다시 전화가 와서 들려주는 말이 한국인 여성과 결혼하려는 조선족에 대한 충고였다.

"목사님! 절대로 안 됩니다. 그 놈은 사기꾼일 겁니다. 한국인이 중국 놈에게 당하면 안 됩니다."

애국적인 마음에 호소하며 전화를 하였고 교회의 위치를 물으며 한 번 방문하겠노라고 말을 한다.

결혼의 문제는 좀더 신중해야겠다는 데에는 이의가 없으므로 주변과 현지의 모든 것을 살펴야겠다는 생각을 그렇지 않아도 하고 있었던 참이었고 선교의 다른 통로를 통하여 신랑감이 될 사람의 집안 내력 및 신앙관과 그의 이야기 등을 현지를 통하여 확인하고 있는 중이었다.

그런데 묘한 것은 교회에서 알아보는 통로의 답변은 그 선교하는 집사님이 말하고 있는 것처럼 사기꾼도 아니고 나쁜 사람도 아니었다.

그래서 후에는 성도들과 함께 직접 확인과 안정을 위하여 중국에 있는 그 집과 지역을 심방하는 일까지 하는 수고를 해야만 했다.

어찌되었든 그 집사라는 분은 중국인들에 의해 속임만 당하고 있었는지 절대적으로 반대였다. 그러면서도 선교는 한다고 한다.

그곳에서 하는 것보다는 나와 있는 이들을 대상으로 하는 것이 훨씬 쉬운 일임에도 그 일은 반대하고 있는 것이 이해할 수가 없었다.

성질이 꽤나 급했던지 얼마 되지 않아서 어느 주일날 예배 전에 교회를 직접 찾아왔다. 예배 준비할 것도 많았지만 멀리서 온 분이니 예우도 예우인지라 신랑되고자 하는 청년을 속히 불러서 대면시키고 이야기를 들어야겠다 싶었다.

오전 8시경에 찾아온 그 분은 몇 분후가 되어서 사택에서 상면을 하게 되었다.

서로 처음 보는 사이였지만 목사 앞에서 였을지라도 서로의 사이가 별로 좋지 않게 대화가 시작될 수밖에 없었다. 결혼을 막으려고 온 집사는 이미 기존 감정이 안 좋은 선입관 속에 있었으니 당연했고 교회에 나오는 조선족 청년은 그 분의 말을 확인하기 위하여 교회에 불러놓고 심문하듯 여러 차례를 거쳤으니 '그 작자가 도대체 누구인가 만나보자' 벼르고 있던 참이다.

사실상 한국인이었던 자매는 조선족 청년을 실질적으로 사랑하고 있었고 몇 차례에 걸쳐서 확인을 해온 바였다. 그리고 그러한 것들을 수용하고 판단할만한 만삭의 나이이기도 하였다.

교회를 갑자기 방문한 집사와 청년사이에 왜 쓸데없이 모함을 하느냐, 그렇다, 아니다를 열심히 설명을 하면서 티격태격하니 주일날 때 아닌 사건을 만난 목사로서는 예배 시간이 다가오자 걱정이 되지 않을 수가 없었다.

그런데 몇 분도 되지 않은 시각에 멀리서 온 집사님의 숨소리가 갑자기 달라지는 것이 아닌가!

"목사님, 목사니임! 기도…해주세요."

손을 내어 저으면서 숨을 가쁘게 몰아쉬면서 간신히 외쳐대었다. 아차 싶은 마음이 들었다.

대화는 당연히 끊어졌고 쓰러지듯 소파에 기대어 앉은 집사님의 머리 위에 손을 얹고 하나님 앞에 부르짖는 요란을 떨지 않을 수가 없게 된 것이다.

전후야 어찌되었든 당장 꼴깍하고 숨이 넘어가려는 순간이니 옳고 그름이 문제가 아니라 그 사람을 살려 놓는 것이 우선이었다.

"하나님 아버지 주의 복음을 위하여 수고를 아끼지 아니하시는 집사님을 살려 주옵소서……."

갑자기 상황이 바뀌자 멀쩡히 바라보고 있던 청년도 멀리서 이를 지켜보던 사모도 달려와서 무릎 꿇고 기도에 동참을 하고 있었다.

어디로 옮길 수도, 다른 무엇을 할 수 있는 촌각도 허락되지를 않았다. 금방 몸이 마비 되어가고 숨넘어가는 소리로 급해 있었으니 말이다.

호흡이 제대로 되지를 않아서 허우적거리고 있었다. 이마에 땀이 맺히도록 얼마를 서로가 기도했을까.

"휴 우! 목사님 고맙습니다."

잡아먹을 듯 바라보던 청년을 향해서도 한마디 던진다.

"고맙네. 자네"

그것으로 상황은 끝이었다. 그 청년을 통하여 적지 않은 복음의 열매를 맺었다고 생각이 된다. 지나친 열심이 다른 사람들을 피곤하게 하는 일들이 있었지만 말이다.

얼마 후 둘은 강원도에서 처녀가 어렸을 적 다니던, 현재 부모님이 계신 고향의 교회에서 결혼식을 올리게 되었다.

저희가 이 말을 듣고 잠잠하여 하나님께 영광을 돌려 가로되
그러면 하나님께서 이방인에게도 생명 얻는 회개를 주셨다 하니라(행11:18)

66. 천사의 벨소리

대학시절의 이야기이다.

클라스 메이트 중에 제법 우수한 친구가 있었는데 일찍부터 믿음 생활을 해온 친구였다.

그 많은 술자리의 모임을 통하여서도 지혜롭게 그 자리를 모면할 정

도로 자기 관리를 잘했고 또한 주변 친구들을 직간접적으로 전도하기도 게을리 하지 않곤 했던 것이 상기된다.

당시에도 중국 선교를 하겠노라고 공언을 하곤 하던 친구이기도 했다. 그때의 중국은 죽의 장막에 가리워 있어서 그런 일은 상상하기도 벅차던 시절인데도 말이다.

방학기간을 통하여 믿음이 없던 우리로서는 이해할 수 없는 짓들을 종종하곤 했는데 강원도 어디고 돌아다니며(지금 생각하니 기도원) 금식을 일주일씩 했느니 하면서 이야기를 했는데 그런 행동에 대해 이해할 수가 없었고 먹을 것 풍부한데 무엇 하러 굳이 굶어가며 한 주일씩 보내는가 핀잔을 아끼지 않았다.

언젠가 하루는 신앙토론이 있었는데 우리는 물리학을 전공하고 있는 과학도였었기 때문에 친구의 체험에 동감할 수 없는, 그러나 그 친구는 이렇게 하나님께서는 살아서 역사 하시니 제발 교회 좀 나가고 하나님을 믿으라는 것이다.

그 친구의 이야기를 괜한 소리로 듣고 흘려버리길 원했거나 다른 과학적 지푸라기로 반박해대던 자신이 그의 그때 사건을 간증거리로 뒷받침해 주게 될 줄을 누가 알았겠는가.

아마도 시험 기간쯤 됐으리라 보여 진다. 늦게까지 책을 보고 있었으므로 그날따라 더욱 곤한 잠에 취해 있었다고 한다. 곤한 중에 전화벨이 자꾸 울려서 짜증스러운 가운데 전화를 받고 보니 어머니께서 급히 재촉하시는 음성으로,

“빨리 교회 와서 기도해야지 무엇하고 있느냐!”고 책망을 하시더라는 것이다. 그래도 육신이 곤비해 있었기 때문에 모른척하고 자리에 다시 누우면 또다시 전화가 와서 “빨리 와라” “빨리 와라” 하시는 것이었단다.

교회의 새벽기도회 시간이 좀 지나가는 때였다. 도저히 안 되겠다 싶어서 엉겁결에 잠을 깨우고 비틀거리며 밖으로 나가 교회를 향하여 한참을 가고 있는데 교회로 나오라고 하신 어머니를 중간에서 만난 것이었다.

“아니 어머니 교회로 오라고 해놓고선 또 오시는 건 뭐예요? 잠 못 자서 졸려 죽겠구먼.”

“너를 오라고 하다니 무슨 말이냐?”

“아휴~, 참 전화를 했잖아요. 그것도 수차례씩이나.”

“얘가 지금 무슨 말을 하는지 모르겠다. 내가 이 새벽에 너한테 전화를 하다니?”

“엄마가 전화를 안 했단 말예요?”

“그래.”

“난 분명히 엄마의 음성으로 들었는데?”

“그래?” 이상한 예감이 들었던 어머니는

“얘야 빨리 집에 가보자.”

속히 달려서 집에 돌아와 방문을 열어보니 어쩌면 이럴 수가! 방안에 연탄 가스가 가득한 것이 아닌가!

“하나님께서 우리를 살려주셨구나!”

친구인 그 아들이 자고 있을 때 어머니는 교회에서 무엇을 하고 계셨겠는가. 분명히 그 아들을 위하여 기도하고 계셨으리라.

"야! 쓸데없는 소리 그만하고 우리 차나 한잔하러 가자. 그거 텔레파시가 통해서 그럴 수도 있는 거 아니냐. 내가 본 것도 아닌데 어떻게 믿어. 너는 툭하면 하나님을 끌어다가 얘기하더라"

그러던 입술이 이제는 회개하며 목회자의 길을 걷고 있다.

67. 새벽을 깨우는 천사의 음성

하나님을 믿고 신앙생활을 하면서 기쁜 일들도 많지만 육신적 곤고함으로 지칠 때도 적지 않음을 발견하게 된다.

신학을 하면서 제일 먼저 육신과 충돌이 일어나게 된 것은 새벽기도였다. 육신이 엉망진창으로 찢기운 가운데 주님 앞에 왔기에 초기에 이 새벽을 깨우는 일은 보통의 부담거리를 넘어섰다.

그렇다고 안 할 수도 없는 것이기도 하였고. 새벽기도회를 다녀오면 힘이 나고 은혜도 되지만 한동안은 늦잠 후에 새벽을 깨우다보니 수면부족으로 인하여 하루 종일을 멍하니 비몽사몽간에 다니는 것처럼 지쳐있어야 했다.

그래도 새벽을 깨우면 건강해진다는 소리는 수없이 들어서 게다가 신학을 한다는 것을 알려놓고 있었기에 그 자체에도 본이 되어야하지 않겠느냐는 마음은 있었다.

한 번 해보자.

그러나 혹시나 새벽을 놓칠까 걱정이 될 때도 있고 때론 새벽 벨 소리조차 들리지 않을 때도 있었다. 그러나 그분은 또 다른 방법으로 잠을 깨워주시는 것을 체험케 해주시는 것이었다. 늦잠에 아무리 곤하여 있을 때라도 그런 때일수록 더욱 들려오는 소리가 있었는데.

"정전도사! 정전도사! 교회가야지. 어서 나오게."

온몸을 장악하는 온유한 음성에 이끌리어 일어나 보면 정확히 새벽 기도회가 시작되기 얼마 전이다. 그러면서

'누가 나를 불렀지?'

밖에 나가보면 아무도 없다.

"정전도사 어서 가세."

"예에" 하고 깨면 담 밖에서 누군가가 부른 것 같은데 아무도 없는 것이다. 언젠가는 '그 정체를 잡자' 하고 노리고 있다가 재빨리 나가본 적도 있다.

그러나 역시 긴 문 앞 도로에는 아무도 없었고 함께 갈 동행자도 없는 지역이었다. 몇 차례의 사건 후 깨닫는 것은 주님께서 깨워주시는구나.

그것을 인정하지 않을 수 없게 되자 가끔 짜증스러워하던 것에서 해방이 되었고 기꺼이 동참하는 발길로 바뀌어져 갔다. 게다가 온종일을 멍멍하게 하던 육신의 것들도 강건함으로 변화가 되었고 말이다. 동일한 시각에 아내는

"사모님 어서 일어나세요. 교회가야지요. 새벽기도 시간이예요."

밖에서 부르는 부드러운 음성을 듣고 있었음을 말해 주곤 하였다.

68. 빨리 집에 가보라

가끔 일지라도 교회에 기도하러 오는 성도들을 생각해서 교회는 24시간 개방하는 것을 원칙으로 하였다.

간혹은 술주정뱅이나 이상한 손님들이 오기도 하지만 그들로 인하여 성전을 잠가 놓을 수는 없었다.

대로변에 교회가 위치해 있었기 때문에 쉬운 일은 아니었지만 초창기의 그 마음을 지키기로 하였다.

타 도시에서 선교의 모임이 있어서 출타를 하였을 때였다. 예배와 회의가 있은 후 늘 하던 것처럼 식사의 친교가 예비 되어 있었다.

뒤에 별일도 없고 오랜만에 만난 목사님들과 좀더 정을 들여야만 하는 분위기였는데 마음의 한 구석에 불안이 점점 스며들기 시작하였다.

웬만하면 식사 후에 가벼운 운동에는 동참하지를 못할지라도 정성을 다하여 준비하는 식사에는 함께 할 수 있기를 강권 받았다.

그런데 그럴수록 마음이 들뜨기 시작을 하였고 불안감이 가중되어서 집에 가봐야지 하다가 집에 빨리 가야만 된다는 식으로 바뀌어져가기를 시작하였다. 내 자신이 왜 이렇지 하는 정도로 말이다.

주일을 지난 월요일의 모임이어서 다른 쪽에선 지친 마음도 쉴 겸 휴식을 강요하고 있는데도 말이다. 그래도 좋을 것 같다는 인간적 마음이 들어가는 데에도 한 구석에서는

'교회에 가라. 교회에 가지 않으면 안 된다.' 하는 마음의 음성이 들려왔다.

알지 못할 불안함에 부여잡는 소매를 떨치다시피 하여 교회를 향하여 달렸다. 무엇인가가 생긴 것만 같아서 점점 견딜 수가 없어지게 된 것이다.

차를 허겁지겁 막 대어놓고 부리나케 계단을 뛰어 올라 교회 문을 막 열고 들어서는데 한 낯선 사람과 정면으로 마주치게 되었다. 조금만 더 빨리 들이 닥쳤더라면 얼굴끼리 충돌할 뻔하였다.

"아니! 당신……."

이야기가 나오기도 전에 상대방이 흠칫 놀라며 얼어붙은 듯 서 버린다. 그의 한 손에는 박스 하나가 들려 있는 채 말이다.

"이게 뭐요?"

"네, 네. 저. 저어. 그저"

그의 손에는 의약품 박스가 약이 가득 들어있는 채 들려 있었다. 그것은 다름 아닌 제 3국 선교를 위하여 모아 두었던 의약품들이었던 것이다. 그것을 필요로 하여 기다리는 손길들이 얼마나 많이 있는데.

'그래서 주님은 나의 심령을 자극하여 서두르게 하셨구나' 하는 것을

생각하니 어쩌나 감사하고 아찔하던지, 몇 초만 늦었어도 고스란히 잃어버릴 뻔했던 의약품들.

주님의 것은 주님이 지키신다는 생각이 퍼뜩 들어왔다.

69. 진리가 무엇인고?

세상을 살아가는 수많은 사람들의 각양각색의 모양을 보면 실로 다양하기 이를 데 없음을 발견하게 된다.

그저 하루하루 먹고사는 것에 만족하는 자들이 있는가 하면 풍족한 여건 가운데 인생을 즐기는 이들, 또 한편의 무리에서는 인생의 근본이 무엇이며 세상에서 불변하는 것이 무엇인가에 궁금증을 풀지 못해 전 인생을 걸고 있는 자들도 심히 많은 것을 알 수 있다.

진리!

'참된 도리, 논리의 법칙에 일치하는 지식 또는 누구나 인정하여야 할 보편타당한 지식' 이라고 대충 풀어주고 있는 대 백과사전의 설명으로는 풀리지 않는 그러한 언어가 진리이기도 하다.

그러하기에 이 시간도 수많은 사람들이 도서관에서 또는 산중을 헤매며 진리가 무엇인가? 하고 인생을 쏟아 붓고 있는 것이 아니겠는가.

자신도 예외는 아니어서 불변하는 하나의 진리가 무엇이냐를 찾기 위해 인위적 노력을 누구 못지않게 해본 경험을 가진 부류에 속한다고 장담하고 싶다.

그곳을 향하여 철학적으로 역사적으로 또는 과학적으로 접근해보기 위해 무진장 애를 써댔고 결국 만족스런 해답을 얻어 낼 수 없었던 과거를 고백한다.

도서관의 수많은 사상서들과 접해 보지만 역시 만족스런 해답을 취하기보다는 머리가 더 혼란해지는 결과만을 나아 왔었다.

종교적 접근을 위해 일반인들이 깊이 있게 접근하기조차 어려운 체계로 구성되어 있는 불교 계통의 서적들이며 심지어 코란과 그의 계열들, 모든 비교종교학을 동원하여 세월을 낭비하며 상아탑의 한구석을 장식해 버렸었다.

세상이 고달파 세상에서 쉬어보고자 군에 자원 입대하여서도 그에 대한 탐구는 끝이 없었건만 세상사는 삶 따로, 머리 속 따로의 세월을 보내야만 했다.

그런데 어느 날!

의무대 옆에 양철지붕으로 만들어진 조그만 교회에서 늘 그러하듯이 예배에 참여하여 달라는 병사의 부탁이 왔다. 의무대에 종종 군종 병들이 오는 것은 의무병들을 좋아해서라기보다는 군 생활 중에 지치고 다쳐있는 환자들을 위해서 찾아온다는 것이 더 옳을 것이 분명하다.

그날따라 할 일이 너무도 없어서 환자 몇몇과 함께 예배에 참여하겠노라 하였다. 주일마다 군종 병이 부탁하는 것은 지금은 상급자들의 간섭이 너무 심해서 교회에 나올 수 있는 사람들이 거의 없으니 그 쪽에

서라도 보내주지 않으면 아예 한 사람도 없을지도 모른다고 하소연하
는 것이었다.

가끔씩 놀러나 가듯 찾아가던 교회의 좁은 공간에는 예배시간이 넘
도록 몇 명만이 전부가 되어있었다.

게다가 군목은 얼굴 뵙기도 일년에 한두 번이면 다행이니 오셨을 리
가 없었고 그날따라 군종 병도 밖에 다른 바쁜 일로 자리를 비우고 있
었다.

하는 수 없이 사회에서 신앙생활을 꽤나 열심히 한 듯한 한 사병이
앞에 나가 예배를 인도하게 되었는데 기도나 찬송 등은 문제가 없었지
만 말씀은 증거 할 수 있는 입장이 되지 못하였는지 성경 몇 구절을 함
께 읽는 것으로 대신하자고 한다.

그 말씀은 바로 이 부분이었다.

요한복음의 14장을 1절로부터 죽 내리 읽어가기를 시작하는데 6절
에,

"예수께서 가라사대 내가 곧 길이요 진리요 생명이니 나로 말미암지
않고는 아버지께로 올 자가 없느니라"

다른 언어보다도 진리라는 단어에 눈과 마음이 못 박혀 버리고 말았
다. 그토록 찾아 헤매던 진리라는 그 단어가 등장을 하고 있으니 말이
다.

'내가 진리이면 그 내가라는 분은 예수, 그렇다면 예수가 곧 진리란
말씀이 아닌가!'

여러 가지를 따질 겨를도 없이 '예수가 곧 진리였구나' 하는 짧은 결

론 속에서 마음속에 환희가 넘쳐 오르고 기쁘기 그지없을 뿐만이 아니라 그동안 뒤엉켜져 있었던 머릿속에 빛이 들어오는 것 같았고 그로 인하여 짊어져야만 했던 수 없는 무거운 짐들이 쏟아져 내려가고 또 다른 평안함이 점령하는 것을 느껴야했다.

'세상에 이럴 수가! 진리가 바로 이것이었었는데'

이상한 것은 그토록 따지고 헤아리고 측정해보고 별 짓을 다하던 방법들이 하나도 도입되지가 않았고 마음속 깊숙이 찾아오는 기쁨 속에서 받아들여지고 인정하게 되어져가고 있었다는 사실이다.

이 진리의 발견은 일생일대의 가장 큰 발견이었고 시간의 소모전에서 둑을 쌓아준 방패였다. 군 생활이 낭비이기 쉬운 요소들을 지니고 있음에도 결코 낭비의 세월이 되지 않은 것은 이로부터의 출발점을 긋게 해주었다.

누구를 통해서도 역사 하시는 주님.

그래서 우리는 쉬지 말고 전해야할 이유가 또 있는 것이다.

70. 아름다움을 위한 깜둥이

해외선교에서의 주일예배는 늘 마음에 새겨 두길 원하는 부분이다. 그 나라의 예배 형식과 분위기 등을 한꺼번에 이해할 수 있는 좋은 영역이기에 더욱 그러하다.

나이로비에서의 주일은 다른 곳에서 겪어보지 못한 새로운 분위기를 연출하고 있었다. 안내를 받아 간 곳은 지어진 교회가 아닌 학교였다.

시골 같으면 천막이라도 쳐놓고 예배를 드렸겠지만 방문된 곳이 도회지였기에 그런 것은 보이지를 않았고 학교의 교실을 빌려서 예배를 드리고 있었다.

그런데 한 학교에서 한 교회에게만 빌려주는 것이 아니었다. 교역자가 다른 여러 교회가 빌려서 예배를 드리고 있었다. 그러니 교문 입구에서 맞이하는 교역자들도 여럿이 서 있었고 맞이하는 인사도 제 각각이다.

처음에는 '동역하는 교역자도 꽤 많고 성도들도 각양각색으로 제법 많은 성장을 가져왔구나' 했었는데 들어가는 교실이 각각 다른 것이 아닌가.

수많은 벌들이 다른 제집을 찾아 들어가 듯 말이다. 예배 전 찬양이 서로 다르게 교실 교실마다에서 흘러나오니 이 또한 진풍경이 아닐 수 없다.

교실 입구에 다다르자 예쁜 소녀가 환영하는 의식으로 조그마한 꽃
다발을 하나 건네준다. 양쪽으로 줄을 서서 맞이해 주는 것이 좀 쑥스
럽긴 했지만 나쁠 것도 없다.

예배가 시작되어 한참 진행이 되어 있었는데 갑자기 원주민 사회자
가 단상에 앉은 우리를 향하여 질문을 해왔다.

"목사님! 제가 지금 꽃다발을 하나 들고 있습니다.그렇죠?"

고개를 끄떡여 주었다.

"그런데, 여기 무슨 색깔의 꽃들이 꽂혀 있습니까?"

무슨 말을 하려고 하나? 궁금해 하면서 대답을 했다.

"빨간 색, 노란 색, 하얀 색, 검정 색…"

"예, 잘 맞추셨습니다. 그런데 목사님, 이 꽃다발을 왜 모두 하얀 색
으로만 또는 모두 노란 색으로만 만들지 않았을까요?"

오늘이 '무슨 이름 있는 날인가를 물으려고 하는가' 하여 잠잠히 있

었더니,

"목사님, 이 꽃다발이 모두 흰색 한가지로 되어 있다면, 또는 모두 노란 색으로만 되어 있다면 이것보다 아름다울까요?"

고개를 갸우뚱거리자

"한 가지 색으로 되어 있는 꽃꽂이와 각양각색의 색으로 되어 있는 꽃꽂이 중에 어느 것이 더 아름답다고 생각하십니까?"

"물론 다양하면 더 좋겠지요."

"네, 맞습니다!." 무슨 퀴즈라도 어렵게 맞춘 것처럼 탁자를 힘차게 내리친다.

"여러 칼라로 장식된 꽃꽂이가 훨씬 더 아름답습니다. 게다가 큰 것, 작은 것, 중간의 것……."

'무엇을 말하려고 사회가 길어질까' 했더니 대답은 이러했다.

"하나님께서는 세상을 아름답게 지으셨습니다. 모든 만물들, 그 모든 것들을 다양하게. 인간도 그럴 것이라고 믿습니다. 세상의 모든 사람들을 백인으로만 지으셨다면, 또는 오늘 이 자리에 오신 목사님처럼 황인으로만 지으셨다면 지금보다 아름답지는 않았을 것입니다. 우리처럼 까만 사람도 있으니 더욱 아름다운 것이 아니겠습니까? 할렐루야!"

"아멘!"

"그 아름다움을 위하여 우리는 까맣게 창조된 것을 감사합니다. 할렐루야!"

"아멘!"